COVRSES

DE TESTES ET DE BAGVE,

FAITES PAR LE ROY,

PAR LES PRINCES ET SEIGNEVRS

DE SA COVR,

EN L'ANNÉE M. DC. LXII.

V

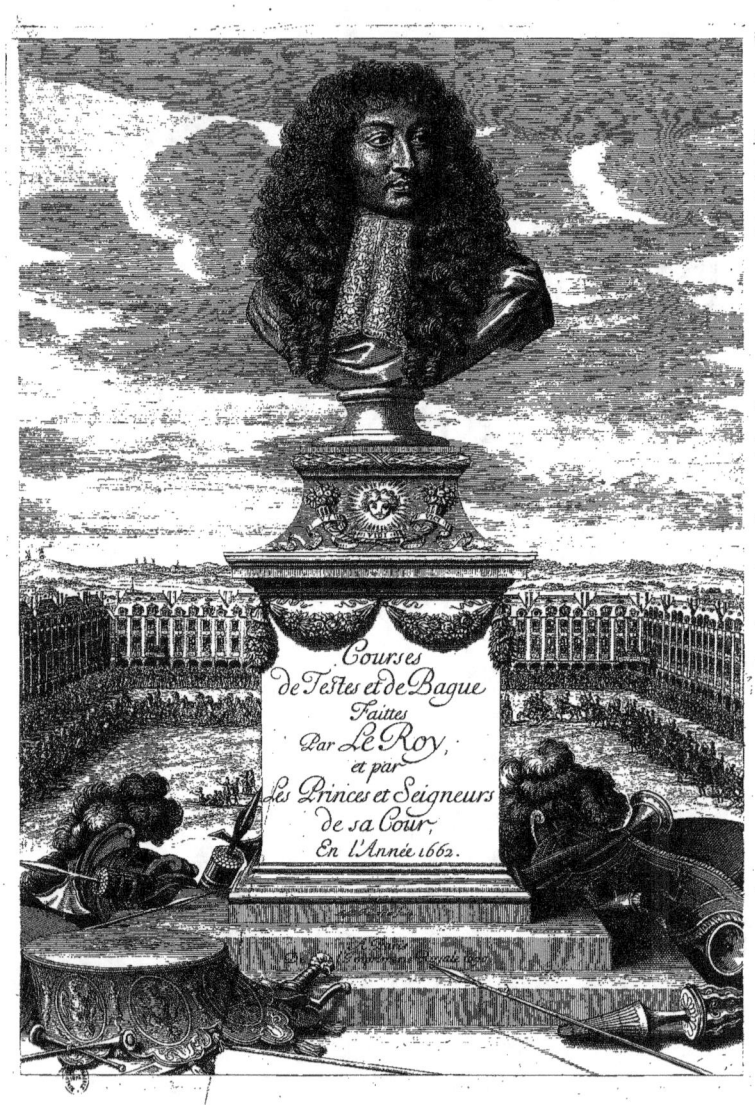

Courses
de Testes et de Bague
Faittes
Par Le Roy,
et par
Les Princes et Seigneurs
de sa Cour,
En l'Année 1662.

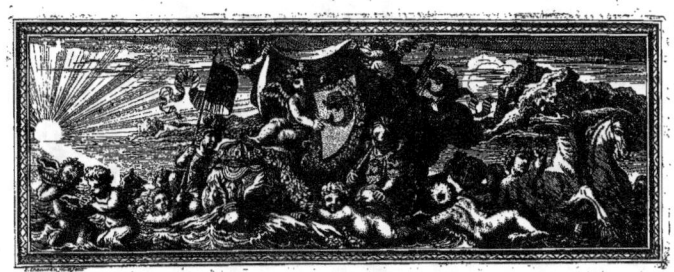

A MONSEIGNEVR
LE
DAVPHIN.

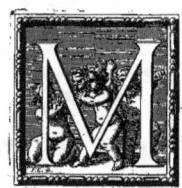ONSEIGNEVR,

Puifqu'il eft conftant que de tous les modeles qui Vous feront pro-
pofez pour vôtre Education, le Roy eft celuy qui Vous fera toû-
jours le plus glorieux & le plus utile d'imiter : Il y a une obligation
indifpenfable de Vous prefenter tout ce qui parle de fes grandes
actions. Quand l'âge, MONSEIGNEVR, Vous aura donné
les forces d'un Heros comme le Sang dont Vous eftes formé Vous
en a défja donné le courage, on Vous reprefentera ce grand Prin-
ce tantôt à la tefte de fes Armées, où fon incroyable fuffifance en

l'art de commander donne de la terreur à ses plus fiers Ennemis, &
de l'admiration à ses plus experimentez Capitaines; tantôt on Vous
le dépeindra au fort du combat & dans la tranchée, où sa valeur
& son intrepidité sans pareilles font trembler également & ceux
qui le craignent & ceux qui l'aiment ; tantôt on Vous le fera voir dans le triomphe, couronné des mains de la Victoire,
où sa moderation & son auguste Majesté le font aimer de
ceux mesmes qu'il a vaincus ; d'autrefois on Vous le montre-
ra dans son Conseil, où sa Prudence consommée voit toutes choses, & y pourvoit en même temps; enfin, MONSEIGNEVR,
ce grand Monarque Vous sera mis devant les yeux dans
l'exercice de toutes les Vertus à mesure que l'âge Vous permettra
de les pratiquer, & l'exemple Vous en sera proposé en toutes rencontres par cét illustre & sage Gouverneur que Sa Majesté
a choisi pour achever en Vous son Image, & pour cultiver
en vôtre Royale Personne les esperances du premier Royaume
du Monde.

    Mais, MONSEIGNEVR, comme il n'est pas encore temps
que Vous voyiez ce grand Monarque couvert des armes qu'il
prend quand il marche contre ses Ennemis, ny dans cét équipage qui fait trembler toute l'Europe : Il faut auparavant que
Vous Vous accoûtumiez à le voir dans les Courses de Bague
& dans les Carousels, qui sont des images de la guerre, &
que Vous montiez aux vertus difficiles & laborieuses par
d'autres plus douces & plus aisées ; je veux dire, la magnificence & la politesse dans les Festes publiques, & l'adresse jointe
à la bonne grace dans les exercices militaires. C'est dequoy,
MONSEIGNEVR, Vous verrez un exemple achevé dans la
descrip-

description que j'ay faite de ce Carousel, où Vous verrez encore que ce Heros qui ne sera jamais imité parfaitement que de Vous seul ne peut rien faire que de grand, qu'il conserve au milieu de la Paix les exercices de la Guerre, que son loisir n'est pas capable d'oisiveté, qu'il est les delices de son Peuple, & son Peuple les siennes, & qu'au pied de ses lauriers & de ses palmes, qui ne font d'ombre qu'à ses Ennemis, naissent des fleurs qui peuvent estre cueillies par les moindres de ses Sujets.

Ainsi, MONSEIGNEVR, où il semble n'y avoir que du divertissement à prendre, Vous y trouverez des instructions utiles, & dequoy former en Vous ce Prince admirable, à qui tant de grandes avantures sont reservées. Toute l'Europe, MONSEIGNEVR, est dans l'attente des prodiges que promettent les premieres années de vôtre Enfance : Elle ne peut concevoir quel sera le haut du jour d'une aurore si brillante ; & quand elle jette les yeux sur le courage, sur la vivacité, & sur la magnanimité qui se font admirer en Vous avant le temps, elle prend plaisir à se flatter qu'un jour elle Vous aura pour son Maître. Fasse le Ciel que les Peuples puissent seconder de si grandes destinées, & que toute la Terre reconnoisse en Vous un digne Fils de LOVIS XIIII. Ce sont les vœux que fait tous les jours,

MONSEIGNEVR,

Vôtre tres-humble, tres-obeïssant & tres-
fidele Serviteur, PERRAVLT.

5

VT VIDI VICI

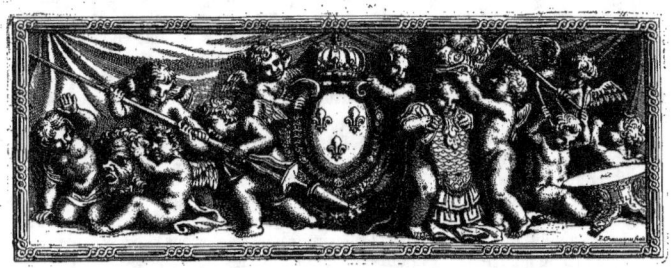

COURSES

DE TESTES ET DE BAGUE,

FAITES PAR LE ROY, ET PAR LES PRINCES

& Seigneurs de fa Cour, en l'année 1662.

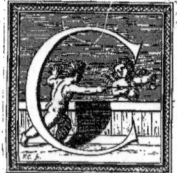E n'eft pas fans raifon que ceux qui ont entrepris d'écrire l'Hiftoire des Grands-Hommes, ont crû qu'il ne fuffifoit pas d'apprendre à la Pofterité les Batailles qu'ils avoient gagnées, & les Conqueftes qu'ils avoient faites, mais qu'il falloit encore luy faire connoître quels avoient été leurs plaifirs & leurs divertiffemens. En effet, tous ces Exploits merveilleux, qui font l'objet de l'admiration des Peuples, peuvent être des effets du vice auffi bien que de la vertu, puis qu'il eft vray que l'un & l'autre ont leurs Heros, & que fouvent une crainte fervile du jugement des hommes, une foif déreglée de leurs loüanges, un defir brutal de vengeance, ou quelque paffion plus honteufe ont produit les mêmes miracles que le veritable amour de la gloire. C'eft dans ces momens que ceux qui les veulent connoître veritablement les doivent confiderer; c'eft dans cét état naturel qu'il les faut peindre, pour en faire un portrait fidelle: & s'ils témoignent alors ce même amour pour la gloire, cette horreur pour l'oifiveté, & cette ardente inclination au travail, qui paroît quelquefois en eux dans les occafions où il s'agit de leur grandeur & de leur fûreté; c'eft alors certes qu'on peut affûrer que la vertu eft l'ame & le principe de toutes leurs actions.

C'eft dans cette penfée que ceux qui fe font formez des Heros feulement pour les loüer, & qui eftans Maiftres de leurs bras & de leur courage, pouvoient auffi facilement les rendre vainqueurs d'une puiffante Armée que d'un feul Homme, n'ont pas moins pris de peine à les reprefenter dans les jeux militaires, difputans le prix d'une Couronne de Chêne, que combatans dans les Batailles pour la Conquefte & l'Etabliffement des Empires.

Ils ont penfé ne pouvoir donner une plus haute idée de leurs Heros, & de l'ardeur infatigable qui les animoit, qu'en faifant voir que même leur repos eft agiffant, & que leur valeur ne pouvant demeurer oifive, cherchoit à s'amufer aprés de feints combats, lors qu'elle manquoit de plus importantes occafions de s'occuper. De-là vient qu'Homere fe plaît fi fort à nous dépeindre Achille s'exerçant à la Courfe, au Difque, & à la Lutte ; & que le Poëte Latin ne s'étend pas moins à décrire ces mêmes jeux avec les prix qu'Enée y propofe aux Vainqueurs, qu'à reprefenter fes Conqueftes, & la mort même de Turnus.

A

Et certes, fi l'on examine de prés ces fortes d'exercices, bien qu'ils femblent d'abord n'avoir été inventez que pour le divertiffement de ceux qui s'y occupent, & de ceux qui les voyent, on trouvera neantmoins qu'ils ont pour but quelque chofe de plus éle-vé que le fimple plaifir. Ils font non feulement utiles pour bannir l'oifiveté & la moleffe, qui corrompent ordinairement tous les fruits de la Paix; mais ce font encore d'illuftres écoles de difcipline militaire, où l'on apprend mieux qu'en toutes les autres le veritable métier de la guerre, puifque non feulement ils forment l'adreffe du corps, mais qu'ils aug-mentent en quelque forte le courage, en allumant le defir de la gloire, qu'on peut nommer l'ame de la valeur.

En effet, rien peut-il mieux faire concevoir à de jeunes guerriers l'extrême & veritable joye que donne l'applaudiffement des Peuples aprés une victoire, & combien il eft beau de fe voir préferer aux autres, que le plaifir qu'ils rencontrent à remporter le prix de ces fortes de jeux, à la veuë de tant de témoins de leur force & de leur adreffe?

Il ne falloit donc pas enfevelir dans le filence la memoire des nobles divertiffemens de nô-tre grand Monarque. Il ne fuffit pas que la Pofterité fçache fes glorieux travaux & de Guerre & de Paix; le mal qu'il a fait à fes Ennemis par la force de fes Armes, & le bien qu'il fait à fes Peuples par les foins affidus & fans exemple qu'il prend luy-même de leur conduite: il faut qu'elle ait encore la fatisfaction de fçavoir quels étoient fes relâches dans fes occupa-tions importantes. Il eft bon qu'elle apprenne qu'il n'a pas été feulement le plus vaillant & le plus fage de tous les Princes de fon Siécle, mais qu'il a été auffi le plus adroit & le plus magnifique, & que la Nobleffe de fa Cour eft toûjours en poffeffion de ces avantages fûr toutes les Nations de la Terre.

Avant que d'entrer dans le détail de cette defcription, on remarquera, que quelque ma-gnifique qu'il ait été, foit pour la richeffe des habits, foit pour le nombre des chevaux & des équipages, foit pour la beauté du lieu où il a été exécuté, on ne le doit regarder neant-moins que comme une fimple Courfe de Bague & de Teftes, fans fujet, fans cartel, & fans machines, & comme un effay de ce que la Nobleffe de France feroit capable de faire, fi elle entreprenoit un Tournoy dans toute l'étenduë de la beauté & de la magnificence qu'il peut recevoir.

La premiere chofe que fit Sa Majefté, fut de nommer le Marefchal Duc de Gramont pour prendre foin de cette Fefte, en qualité de Marefchal de Camp general. Cét employ ne pouvoit être mis en de meilleures mains, & il eût été malaifé de choifir une perfonne qui eût enfemble, & plus d'experience dans les Armes, & le goût plus délicat pour ces for-tes de galanteries.

Enfuite Sa Majefté approuva la propofition qui fut faite, de reprefenter les Nations les plus renommées, & choifit ce deffein entre plufieurs, comme le plus fimple & le plus dé-gagé de tous myfteres, & de toutes machines. Ce n'eft pas que cette Fefte s'étant faite peu de temps aprés la naiffance de Monfeigneur le Dauphin, on ne pût dire qu'on avoit eû inten-tion de reprefenter ces Nations, comme venans luy rendre hommage, & le reconnoî-tre pour celuy qui doit un jour leur commander; mais ce qui eft de tres-affûré, eft qu'on n'a eû d'autre deffein que d'établir quelque ordre dans cette Courfe, & de donner lieu en même temps à la magnificence des habits. Sa Majefté choifit donc les Nations les plus celebres pour en former cinq Quadrilles, compofées chacune d'un Chef, & de dix Chevaliers, avec leurs Officiers & leurs équipages. La premiere Nation fut celle des Romains, dont Sa Ma-jefté voulut eftre le Chef. La feconde, celle des Perfans, qui eût pour Chef Monfieur, Frere unique de Sa Majefté. La troifiéme, celle des Turcs, qui eût pour Chef le Prince de Condé. La quatriéme, celle des Indiens, conduite par le Duc d'Anguien. Et la cinquiéme, celle des Sauvages de l'Amerique, conduite par le Duc de Guife.

Enfuite Sa Majefté nomma les Aventuriers de chaque Quadrille, arrêta le nombre des Officiers, régla les équipages, les habits, & les livrées.

Il ne reftoit plus qu'à trouver un lieu qui fût digne de ce Spectacle, & où l'on pût dref-fer un Amphiteatre capable de contenir le grand nombre d'hommes & de chevaux qui le compofoient. La Place Royale, qui fembloit eftre en poffeffion de fervir à ces fortes de magni-

magnificences fut trouvée trop petite, & trop reserrée, bien que sous Lovis XIII. on y ait representé un des plus beaux Carrousels qui se soient jamais veûs, l'on choisit donc la grande Place, qui est au devant du Palais des Thuilleries, & qui a peu de pareilles, soit pour son étenduë, soit pour la beauté des bâtimens qui l'environnent.

Au milieu de ce grand espace, on dressa en peu de jours un Camp de quarante cinq toises en quarré, fermé de doubles barrieres, distantes l'une de l'autre, de quinze toises, pour le passage des Quadrilles; à douze pieds loin de la derniere barriere furent dressez des échaffaux qui environnoient tout le Camp, & cét espace fut laissé pour y ranger tous les chevaux de main, & les mettre ainsi hors d'état de causer du desordre par leur fougue, & leur trop grande ardeur. Les échaffaux placez de cette sorte, formoient un Amphitheatre capable de contenir quinze mille personnes assises sur quatre rangs de grands degrez, dont le premier étoit éleué de huit pieds de terre, & le dernier d'une fois encore autant.

La forme de cét Amphitheatre étoit quarrée, & se terminoit du côté par où l'on entroit en un demy cercle, dans lequel se devoit placer la Quadrille du Roy, qui de cette sorte étoit posé au milieu de sa milice, & vis à vis de l'échaffaut des Reynes. Les quatre coins de l'Amphitheatre étoient destinez aux quatre autres Quadrilles.

Au milieu de la face des Thuilleries, qui étoit aussi le milieu de l'Amphitheatre, fut élevé un grand échaffaut pour les Reynes, & pour les Princesses de la Cour, duquel l'Architecture étoit de deux ordres, le premier Dorique, & le second Ionique, enrichy d'un double rang, de pilastres, & de colonnes de marbre, dont les bases & les chapiteaux étoient d'or, comme aussi les deux frises, les balustrades & les autres ornemens: cette Architecture se terminoit en un fronton, dans lequel sur une table de marbre noir, cette Inscription étoit écritte en Lettres d'or

VICTRICIBVS ARMIS
LODOICI
FRANCORVM IMPERATORIS.

LVDOVICVS XIV. FELICITATI NATIONVM DATVS,
REGVM DECVS, HVMANÆ GENTIS DELITIÆ,
HOSTIVM TERROR, SVORVM DESIDERIVM,

OMNIVM ADMIRATIO.

ANNOR. XXIII. VICTORIARVM NVMERO MVLTO MAIORE,
HOSTIBVS MARI TERRAQVE PROSTRATIS,
LATE' PROLATIS FINIBVS, FIRMATIS VBIQVE TERRARVM SOCIIS,
PACE SVIS LEGIBVS ORBE SANCITA:
NE QVID CESSARET HEROICA VIRTVS,
PALÆSTRICAM VICTORIAM NON DEDIGNATVR.

Aux deux costez de ce fronton, étoient deux grandes figures de relief, dont l'une representoit la Guerre, & l'autre la Paix, assises toutes deux, la premiere sur des trophées d'Armes, l'autre sur un monceau d'instrumens de toute sorte d'Arts, le tout accompagné de plusieurs ornemens, qui convenoient à ce sujet, & qui étoient de l'invention du sieur Vigarani, Ingenieur du Roy, qui eût le soin & la conduite de toute cette pompe, sous les ordres du Mareschal de Camp General.

Toutes choses étant ainsi preparées, & le cinquiéme jour du mois de Iuin, que Sa Majesté avoit destiné à cette superbe Feste, étant arrivé, les Compagnies du Regiment des

B

Gardes, Suiſſes & Françoiſes, furent dés le matin miſes en haye, depuis la Grande Place, qui eſt derriere l'Hoſtel de Vandôme, tout le long des rüës de Richelieu, S. Honoré & S. Nicaiſe, juſqu'à l'entrée de l'Amphitheatre, tant pour empêcher le deſordre & la confuſion que pouvoit cauſer l'affluence du peuple, que pour augmenter par le nombre de cette milice, la Magnificence du Spectacle.

Le Roy s'étant rendu avec toute ſa Quadrille & ſon équipage dans l'Hoſtel de Vandôme, où il s'habilla, les autres Chefs avec leurs Quadrilles, arriverent dans l'ordre qui leur avoit été donné par le Mareſchal de Camp general, au rendez-vous, où peu de temps aprés, le Roy parut au milieu de ſa grande Quadrille.

Cependant les Reynes arriverent, & prirent places ſur leur échaffaut accompagnées de la Reyne d'Angleterre, de Madame, de Mademoiſelle, & de toutes les Princeſſes & Dames de la Cour. Le Dais étoit de velour violet, enrichy de grandes Fleurs de Lys d'or, comme auſſi le tapis & les carreaux, qui étoient ſous leurs pieds, & qui couvroient l'appuy de la baluſtrade.

Au deſſous de leurs Majeſtez étoient les Mareſchaux d'Etrée, du Pleſſis, de Villeroy, & d'Aumont, qui par leur qualité de Mareſchaux de France, & par le choix que Sa Majeſté en avoit fait, tenoient la place de Iuges de Camp ; proche d'eux eſtoient les Ambaſſadeurs & les Miniſtres Etrangers.

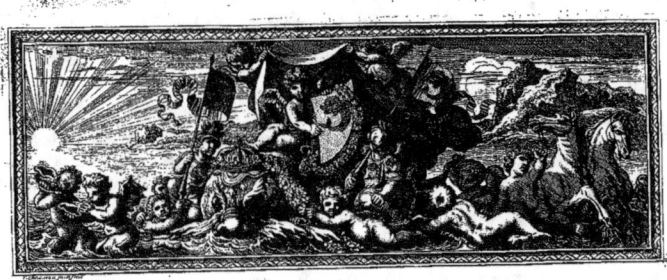

MARCHE

DES CINQ QVADRILLES

ET DES MARESCHAVX DE CAMP,

DEPVIS LA GRANDE PLACE DERRIERE
l'Hoſtel de Vandôme juſqu'à l'entrée de l'Amphitheatre.

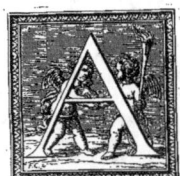

Peine les Reynes avoient pris leurs places, qu'on vit parroître à
l'entrée de l'Amphitheatre le commencement de la Marche.

C'étoit le Mareſchal de Camp General precedé du ſieur Vigarani, en qualité de premier Aide de Camp, d'un Timbalier, de
deux Trompettes, d'un Écuyer, & de ſix Pages, & de huit chevaux
de main menez chacun par deux Palfreniers, de deux autres Timbaliers, de quatre Trompettes, & dix Eſtafiers.

Il étoit vêtu à la Romaine, d'un habit en broderie d'or & d'argent ſur un fonds de ſatin couleur de feu, les brodequins de même;
le tout garny d'une quantité innombrable de Rubis, ſon Caſque étoit enrichy de pierreries, & ombragé d'un grand bouquet de plumes, auſſi couleur de feu, avec une Aigrette noire au milieu : Il portoit en ſa main le bâton de Commandant qui étoit d'or, le
harnois de ſon cheval étoit pareillement en broderie d'or & d'argent, avec de grandes Aigles, & garny d'une infinité de rubans, ainſi que les crins & la queüe.

Il étoit ſuivy de quatre Aides de Camp ſuperbement vétus, & qui étoient encore de
ſon équipage.

Le Comte de Noailles Capitaine des Gardes du Corps, venoit enſuite en qualité de Mareſchal de Camp de la Quadrille du Roy, vétu auſſi à la Romaine, comme tous ceux
de cette Quadrille : devant luy marchoient deux Trompettes, un Ecuyer, quatre Pages,
quatre chevaux de main menez chacun par deux Palfreniers, huit Eſtafiers & deux Aides de Camp, qui étoient les Sieurs de Romecourt & de Charnacé Lieutenans des Gardes
du Corps.

Le Marquis de Vardes venoit enſuite comme Mareſchal de Camp de la Quadrille de
Monſieur, vétu à la Perſane.

Aprés luy parut le Duc de Luxemburg Mareſchal de Camp de la Quadrille de Monſieur le Prince, habillé à la Turque.

Il étoit ſuivy du General Coquet, équipé à l'Indienne, & faiſoit la charge de Mareſchal

C

de Camp de la Quadrille de M^r le Duc , à la place du Comte d'Etrées.

Le Chevalier de Gramont faifant l'office de Marefchal de Camp de M^r le Duc de Guife , & reprefentant un Sauvage de l'Amerique , étoit le dernier des cinq Marefchaux de
Camp des Quadrilles, qui tous avoient même fuite , & gardoient même ordre que celuy de
la Quadrille du Roy.

Cette fuperbe troupe étant entrée dans l'Amphitheatre , & ayant fait fa comparfe devant l'Echafaut des Reynes, le Marefchal de Camp general vifita les Barrieres & les Teftes,
reconnut le Terrain, & ayant trouvé tout en fort bon état, envoya avertir le Roy de com-
mencer fa Marche, cependant aprés avoir placé toute fa fuite aux deux coftez de l'Echafaut des Reynes, & diftribué les poftes des Quadrilles à leurs Marefchaux de Camp, qui y
laifferent leurs équipages, pour fe rendre chacun à la tefte de la fienne ; il fe plaça à l'entrée
de l'Amphitheatre avec fon premier Aide de Camp , pour y recevoir toutes les Quadrilles.

Il eft à remarquer , qu'on ne viendra point au détail des habits, ny des équipages dans ce
difcours, parce qu'on les peut voir dans celuy qu'on en a fait exprés avec leur reprefenta-
tion exacte & au naturel : On a obferué la même conduite touchant les devifes , pour lef-
quelles il y a auffi un difcours particulier. Il fuffira d'étre averty , que non feulement la forme des habits de chaque Quadrille étoit differente : mais qu'elles étoient encore diftinguées
par les diverfes couleurs qui dominoient en chacune, & qui étant mélées parmy l'or, l'argent, & les pierreries, faifoit une agreable & brillante varieté. La couleur du feu & le noir
étoient les couleurs de la premiere Quadrille vétüe à la Romaine : l'incarnat & le blanc
étoient les couleurs de la feconde , vétüe à la Perfane : le bleu & le noir étoient celles de
la troifiéme , vétüe à la Turque : la couleur de chair & le jaune étoient celles de la quatriè-
me , vétüe à l'Indiene : & le vert & le blanc étoient les couleurs de la cinquiéme Quadrille ,
vétüe à l'Americaine , avec des peaux de toutes fortes d'Animaux Sauvages.

La Quadrille du Roy fut celle qui fe prefenta la premiere. Vn Timballier & deux Trompettes tout couverts de broderie d'or & d'argent , avec des Aigles ː d'or ː en broderie fur
les banderolles de leurs Trompettes, & fur les houffes de leurs chevaux , précedoient le
fieur de Maffignai Ecuyer ordinaire du Roy, qui étoit fuivy de vingt chevaux de main des
Chevaliers de la Quadrille, menez chacun par deux Pallefreniers, & deux à deux.

Enfuite venoit le fieur de Noüe Ecuyer de la grande Ecurie, fuivy de vingt quatre Pages, portant tous des javelines, & conduits par deux Ecuyers. Aprés eux marchoit le fieur
de Givry Ecuyer de la petite Ecurie, à la tefte de cinquante chevaux de main du Roy, menez comme les précedens, chacun par deux Pallefreniers, & deux à deux : puis venoient trois
Timbaliers & huit Trompettes , fuivis de cinquante Valets de Pied , reprefentant les Li-
cteurs ou Huiffiers Romains , avec des faiffeaux d'or ; enfin les fieurs de Brenonville &
de Vantelet Ecuyers de la grande Ecurie, fermoient ce riche & nombreux équipage, le premier portant la Lance de fa Majefté, & l'autre l'Ecu de fa devife , qui étoit un Soleil diffi-
pant des nuages avec ces mots: *vt vidi, vici.*

Le Comte de Noailles venoit aprés immediatement devant le Roy, qui marchoit feul,
vétu à la Romaine, & dont la mine haute & majeftueufe, convenoit parfaitement à l'habit
des maiftres du monde.

Le bruit des loüanges & des acclamations qui s'éleverent alors , fit bien connoître que
c'étoit le Roy qui parroiffoit. Ce fut à cette augufte prefence que la tendreffe qui eft fi
naturelle aux François pour leur Souverain , & que les charmantes qualitez du Roy ont
portée dans le dernier excés, éclata en cris de joye & d'admiration, & certes, lorfque l'on
confideroit un Prince fi vaillant dans les exercices d'une Paix profonde, que le feul amour
de fes Sujets l'avoit obligé de faire au plus fort de fes victoires, lors qu'on voyoit tant d'é-
clatantes marques de l'abondance qui l'a doit fuivre, & qu'on anticipoit par la penfée cét
avenir bien heureux & plein de gloire, que la fageffe jointe à la valeur ne peuvent manquer de
produire ; cét avenir, dif-je, où tant de grandes chofes font renfermées, alors cette tendreffe échauffée de ces divers mouvemens de joye, d'admiration & de reconnoiffance, produi-
foit un concert de vœux & de benedictions bien plus delicieux dans fa confufion, que toutes les cadances & les mefures des Poëtes & des Orateurs.

Sa

Sa Majefté eftoit precedée de deux Efcuyers, & fuivie de deux autres, qui étoient les fieurs Salins & Tailloüet, Vidaud & Beaumont, tous quatre Enfeignes des Gardes du Corps, & enfuite des Aventuriers de fa Quadrille, les Comttes de Vivonne, & de S. Aygnan, le Duc de Navailles, & les Comtes d'Armagnac, du Lude, de Louvigny, & de la Feüillade, tous vétus à la Romaine, de même que fa Majefté; les Marquis de Villequier, de Richelieu & le Comte de Duras qui devoient achever le nombre de dix n'y peûrent pas être, étans tombez malades dans ce temps-là, & furent fuppléez dans les Courfes par fa Majefté, les Comtes d'Armagnac, & de S. Aygnan. Cette Quadrille étoit fermée par le fieur de Louviers Efcuyer ordinaire du Roy, portant l'Epée de fa Majefté; il étoit fuivy de quarante Eftafiers, & de vingt Pages des Chevaliers de la Quadrille, portans leurs Lances & leurs Ecus.

Cette Quadrille magnifique aprés avoir fait le tour de l'Amphitheatre par le dehors de la Barriere, & enfuite la comparfe devant l'Efchafaut des Reynes, entra dans le grand Carré de la Courfe, où elle fe pofta en formant vn grand demy-cercle, dont fa Majefté occupoit le milieu, pour laiffer libre aux autres Quadrilles l'entrée de l'Amphitheatre qu'elle devoit enfuite occuper.

Cependant on vit arriver la Quadrille de Monfieur, reprefentant les Perfans. Elle étoit compofée d'un Timballier, de deux Trompettes, de vingt chevaux de main des Chevaliers menez comme les précedens. Le fieur Desbordes Cavalcadour de Monfieur, venoit aprés en qualité d'Efcuyer; il portoit un javelot, il étoit fuivy d'un autre Efcuyer, de feize Pages, & de vingt-quatre chevaux de main de Monfieur, menez comme les précedens. Puis venoient deux Timballiers, quatre Trompettes, vingt-quatre Eftafiers portans des Haches d'Armes en une main, & des Arcs en l'autre, avec des carquois fur le dos. Enfuite paroiffoient les fieurs Gaffion & Blanquet Efcuyer de Monfieur, l'un portant fa Lance, & l'autre l'Ecu, où étoit peint pour devife une Lune avec cette ame, *Vno Sole minor.*

Ils étoient équipez à la Perfane, avec des habits en broderie d'argent fur un fonds incarnat, qui étoient les couleurs de la Quadrille.

Le Marquis de Vardes qui venoit aprés, marchoit immediatement devant Monfieur, dont la vefte toute brillante de rubis, fembloit recevoir un nouvel éclat par la bonne grace de celuy qui la portoit.

Il étoit fuivy de dix Chevaliers, le Marquis de Villeroy, le Comte du Pleffis, le Marquis de Bellefons, le Chevalier de Rohan, le Comte de l'Ifle-bonne, le Prince de Marcillac, les Comtes de Foix, de Clere, & de Vaillac, & le Marqûis d'Illiers, tous vétus à la Perfane comme luy, & qui avoient chacun quatre Eftafiers équipez comme les précedens, & vingt Pages portant leurs Lances & leurs Ecus.

Pendant que cette Quadrille continuoit fa marche, la troifiéme parut, qui étoit celle de Monfieur le Prince, reprefentant les Turcs.

Vn Timballier, deux Trompettes, & vingt chevaux de main des Chevaliers précedoient un Efcuyer, puis venoient douze Pages, un autre Efcuyer, vingt-quatre chevaux du Chef de la Quadrille, menez comme les précedens, deux Timballiers, quatre Trompettes, vingt-quatre Eftafiers avec des Haches & des Sabres, tous en broderie d'or & d'argent avec des Croiffans d'argent & des plumes blanches, noires & bleües, auffi bien que les deux Efcuyers, qui fuivoient, dont l'un portoit la Lance du Chef de la Quadrille, & l'autre fon Ecu, où l'on voyoit pour devife un Croiffant avec ces mots: *Crefcit vt afpicitur.*

Le Duc de Luxembourg venoit aprés, immediatement devant Mr le Prince, qui étoit vétu à la Turque, & dont la mine guerriere s'accommodoit fort bien à la fierté de l'habillement.

Les Chevaliers qui le fuivoient, étoient le Comte de Sery, le Marquis de Soyecour, le Comte de Sault, le Duc de Boüillon, le Marquis de Charmafel & de Gamache, le Chevalier de Bethune, & les Marquis de Peguilin & de Coaflin, le Comte de Sery tint aux Courfes la place du Duc de Luxembourg.

Ils avoient tous leurs Eftafiers, & leurs Pages équipez comme les autres, & ceux-cy portoient leurs Lances, & leurs Ecus.

Aprés cette Quadrille, entra tout de fuite celle des Indiens, dont Monfieur le Duc étoit Chef: l'ordre des équipages, & le nombre des gens étoit le même, que dans la précedente, les

D

houffes, & les habits étoient couverts de Perles & de Corail, & les couleurs de la Quadrille étoient noir, jaune & blanc, les Eftafiers étoient armez d'Arcs & de Sabres, & les Pages portoient des Carquois couverts de perles & de diamans. Sur l'Ecu du Prince paroiſ-foit une Planette avec ce demy vers: *Magno de lumine lumen.*

Monfieur le Duc précedé de fon Marefchal de Camp, parut enfuite avec vn air fi grand & fi noble, qu'il faifoit affez connoître l'illuftre Pere, dont il eft forty, & ce que l'on en doit attendre dans la fuite du temps.

Il étoit fuivy des Marquis de Canaples, du Chevalier du Pleffis, du Marquis de Ianlis, du Comte de Guitaut, du Marquis de Monpezat, du Duc de Nevers, du Comte de Roye, du Duc de Sully, & du fieur Doüailly tous habillez à l'Indienne, avec leurs gens, comme leur Chef; Mr le Duc tenoit aux Courfes la place du Marquis d'Humiere qui manquoit.

Enfin parut la derniere Quadrille, reprefentant les Sauvages de l'Amerique, dont Mr le Duc de Guife étoit Chef; Elle fit fa Marche dans le même ordre, & en même nombre; Les chevaux étoient caparaçonnez de peaux de Lions, de Leopars, & de Tigres. Le premier Trompette, & quelques Pallefreniers étoient habillez en Sauvages, les autres Pallefreniers en Satyres, & les autres Trompettes & Timballiers en Tritons: Les Pages étoient traveftus en Baccantes, & des vingt-quatre Eftafiers, douze eftoient en Ours, & les douze autres les menoient habillez en Efclaves, ayant des Singes fur les épaules: Sur fon Ecu étoit un Tigre terraffé par un Lion, & ces deux mots: *Altiora præfumo.*

Le Marefchal de Camp venoit aprés, fuivy de douze Faunes, qui faifoient un agreable concert de Hautbois, & enfuite Monfieur le Duc de Guife paroift vêtu de peaux de Dragon, avec cette contenance galante & caualliere, qui luy donne tant d'avantage en ces fortes d'occafions; Ses Aventuriers étoient le Chevaliers d'Harcourt, les Marquis de Rochefort, Plumartin, la Chaftre, Ragny, Mirepoix, Vervins, Beuvron, Tury, & le Duc de Briffac.

Cette Quadrille ayant fait fon tour & fa comparfe devant les Reynes, elles fe feparerent toutes en fort bel ordre, & chacune fut prendre place au Pofte marqué par fon Marefchal de Camp. Sçavoir, celle de Monfieur à la droite de l'entrée de l'Amphitheatre, celle de Monfieur le Prince à la gauche, celle de Monfieur le Duc à la droite de l'Echafaut des Reynes, vis à vis de la précedente, celle de Monfieur le Duc de Guife à la gauche de l'Echafaut, vis à vis de celle de Monfieur; Enfin celle du Roy fortant du Carré par une contre-Marche affez difficile où elle s'étoit rangée, pour donner paffage aux autres, s'alla placer vis à vis de l'Echafaut des Reynes, à l'entrée de l'Amphitheatre.

Ce fut dans cét état que ces magnifiques troupes attendirent quelques temps le fignal de la Courfe: il n'étoit pas fouhaité moins impatiemment des fpeētateurs; & il eft bien aifé de juger qu'ils avoient une forte envie de voir l'effet que devoit produire le mouvement de tant de belles chofes, & d'être témoins de l'adreffe de ces illuftres Perfonnes, de qui la mine promettoit tant de merveilles.

Mais parce que la magnificence, & particulierement l'entente ingenieufe des habits, fait une des parties plus effentielle de ces fortes de fpeētacles, on a crû neceffaire de faire une defcription exaēte, & dans le détail de chaque habillement, ou du moins des principaux, & même d'en graver les Figures, dont le fieur Giffey Deffeignateur ordinaire du Cabinet du Roy, a eû la conduite aprés les avoir inventées & deffeignées.

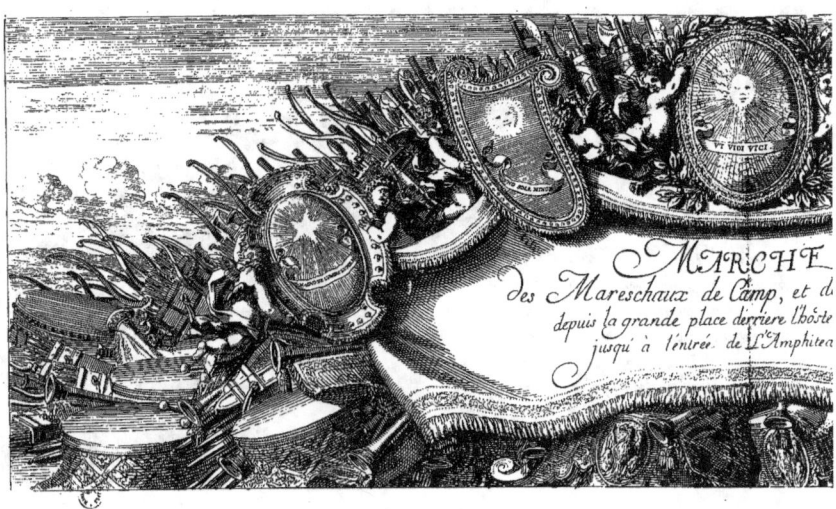

MARCHE
des Mareschaux de Camp, et d
depuis la grande place derriere l'hoste
jusqu'à l'entrée de L'Amphitea

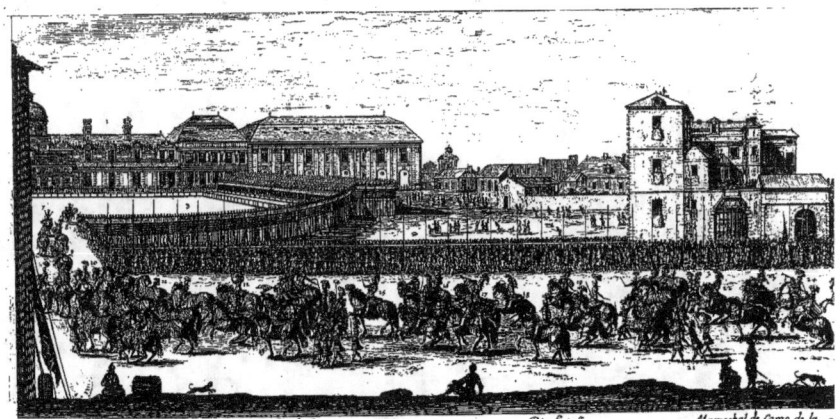

1 Partie du Palais des Tuilleries. 6 Premier Ayde de Camp. 10 Six Pages. 14 Dix Estafiers. Mareschal de Camp de la
2 Grande salle des Comedias. 7 Vn Timbalier du Mareschal 11 Huict cheuaux de main 15 Mareschal de Camp quadrille du Roy.
3 Amphiteatre. de Camp General. deux pallefreniers à chacun. general. 18 Vn Escuyer.
4 Eschafault rempli de peuple. 8 Deux Trompettes. 12 Deux Timbaliers. 16 Quatre Ayda de Camps. 19 Quatre Pages.
5 Regiments des Gardes en haye. 9 Vn Ercuyer. 13 Quatre Trompettes. 17 Deux Trompettes du 20 Quatre cheuaux de main.
dessigné et graué par Ismael Siluestre. Avec priuilege du Roy. 1664.

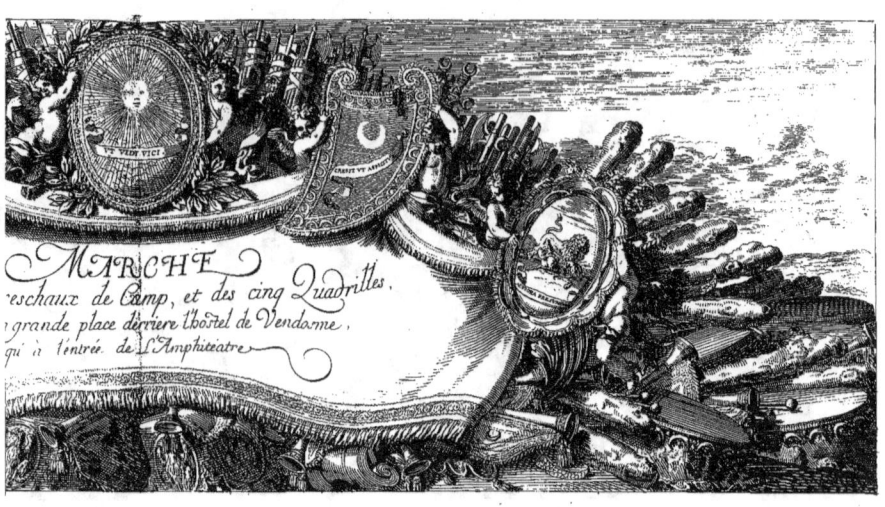

MARCHE
...reschaux de Camp, et des cinq Quadrilles.
...grande place derriere l'hostel de Vendosme,
...qui à l'entrée de L'Amphiteatre

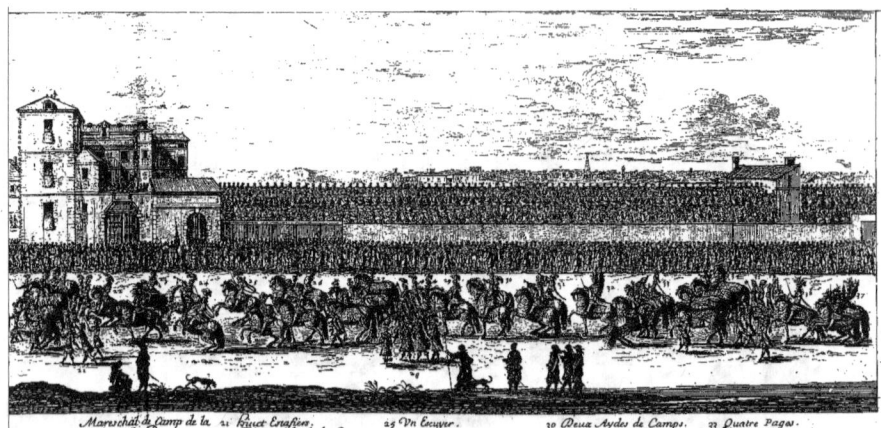

	Mareschal de Camp de la	21 Huict Escuyers.	25 Vn Escuyer.	30 Deux Aydes de Camps.	33 Quatre Pages.
...Camp	quadrille du Roy.	22 Mareschal de Camp.	26 Quatre Pages.	31 Deux Trompettes du	34 Quatre chevaux de main.
	18 Vn Escuyer.	23 Deux Aydes de Camps.	27 Quatre chevaux de main.	Mareschal de Camp de la	35 Huict Escuyers.
...Camps.	19 Quatre Pages.	24 Deux Trompettes du Mar. de	28 Huict Escuyers.	quadrille du Prince de Condé.	36 Mareschal de Camp.
...tes du	20 Quatre chevaux de main.	Camp de la quadrille de Monsieur.	29 Mareschal de Camp.	32 Vn Escuyer.	37 Deux Aydes de Camps.

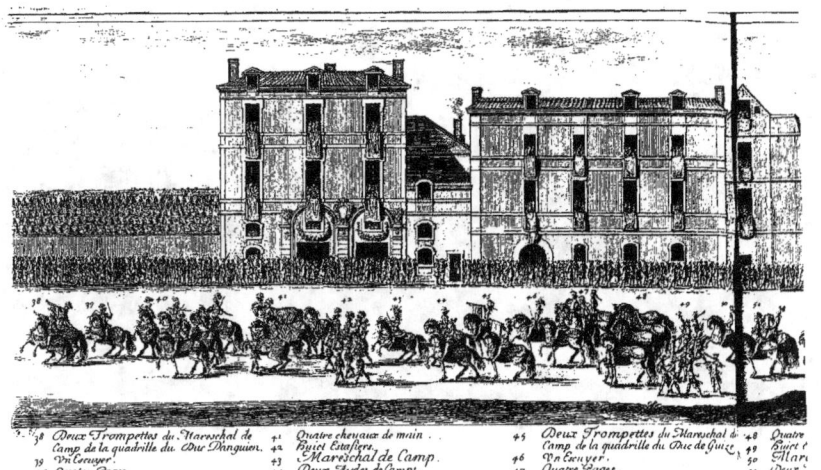

38 *Deux Trompettes du Mareschal de*
   Camp de la quadrille du Duc Danguien.
39 *Un Escuyer.*
40 *Quatre Pages.*

41 *Quatre chevaux de main .*
42 *Huict Estafiers.*
43 *Mareschal de Camp.*
44 *Deux Aydes de Camps.*

45 *Deux Trompettes du Mareschal de*
   Camp de la quadrille du Duc de Guize
46 *Un Escuyer.*
47 *Quatre Pages.*

48 *Quatre*
49 *Huict e*
50 *Mare*
51 *Deux*

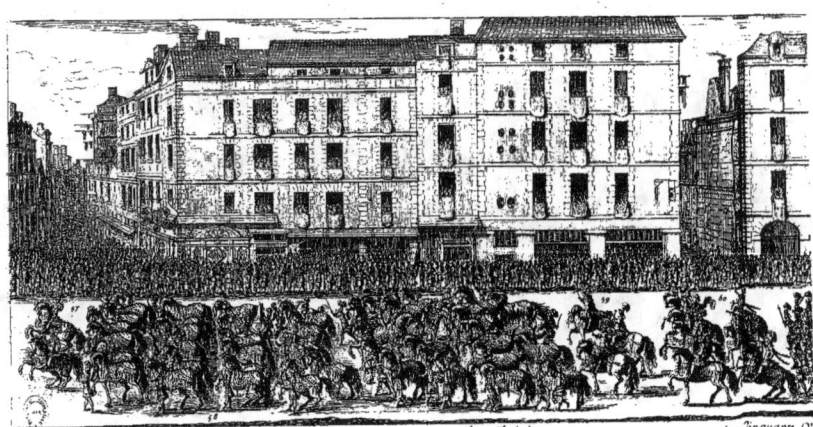

57 *Deux Escuyers.*
58 *Cinquante chevaux de main du Roy,*
   et Deux palfreniers à chacun.

59 *Trois Timbaliers.*
60 *Huict Trompettes.*

61 *Cinquante V*
62 *Deux Escuyer*
   13 lesens du R

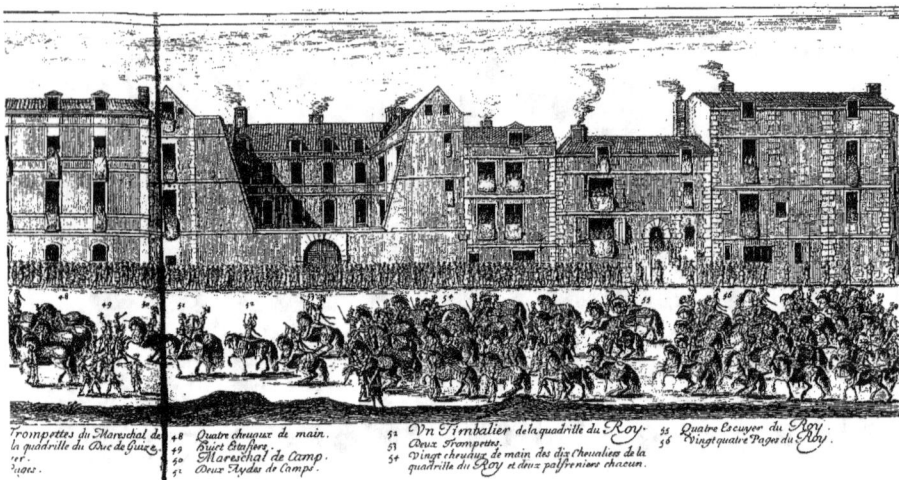

Trompettes du Mareschal de   48 *Quatre cheuaux de main.*   52 *Vn Tirnbalier de la quadrille du Roy.*   55 *Quatre Escuyer du Roy.*
la quadrille du Duc de Guize   49 *Huict Estafiers.*   53 *Deux Trompettes.*   56 *Vingt quatre Pages du Roy.*
er.   50 *Mareschal de Camp.*   54 *Vingt cheuaux de main des dix Cheualiers de la*
nois.   51 *Deux Aydes de Camps.*   *quadrille du Roy et deux palfreniers chacun.*

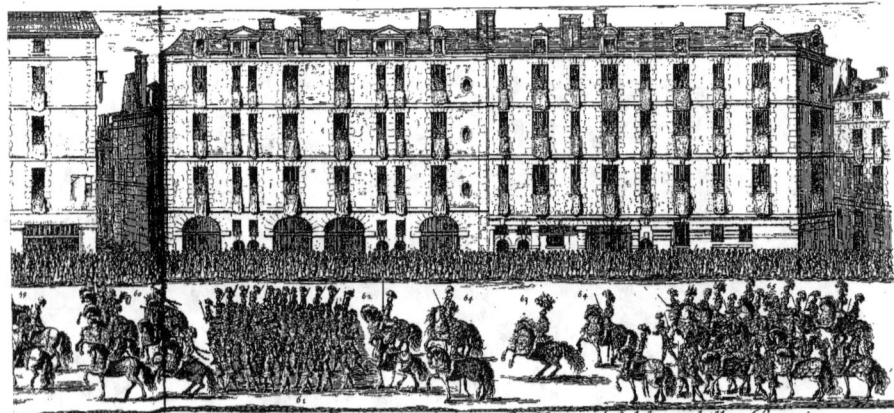

61 *Cinquante Valets de pied du Roy.*   63 *LE ROY chef de la quadrille Romaine.*
62 *Deux Escuyers portant la lance*   64 *Quatre Enseignes des gardes du Corps.*
   le bclteu du Roy.   65 *Des dix Cheualiers de la quadrille du Roy,*
   suius chacun de quatre Estafiers.

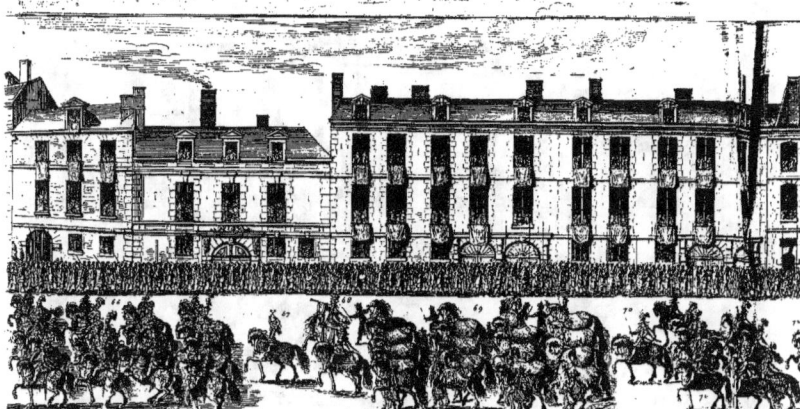

66 Vingt Pages des Chevaliers.
67 Vn Timbalier de la quadrille de Monsieur.
68 Deux Trompettes.
69 Vingt chevaux de main des chevaliers et deux palfreniers a chacun.
70 Vn Escuyer.
71 Seize pages de Monsieur.
72 Vn Escuyer.
73 Vingt quatre chevaux de main et deux palfreniers a chacun.

79 Vingt Pages des Chevaliers.
80 Vn Timbalier de la quadrille du Prince de Condé.
81 Deux Trompettes.
82 Vingt chevaux de main des Chevaliers et deux palfreniers à chacun.
83 Vn Escuyer.
84 Douze Pages du Prince de Co[...].
85 Vn Escuyer.
86 Vingt quatre chevaux de main du [...] et deux palfreniers à chacun.

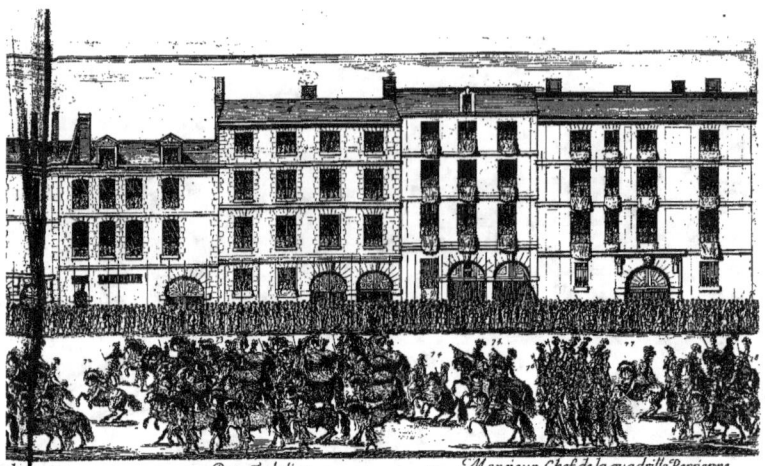

de Monsieur.   74 *Deux Timbaliers*.   77   *Monsieur Chef de la quadrille Persienne*

chevaux de main de Monsieur 75 *quatre Trompettes*.   78 *Les dix Chevaliers de Monsieur,*

enien a chacun.   76 *Vingt quatre Esclaues*.   *suiuis de quatre Esclaues.*

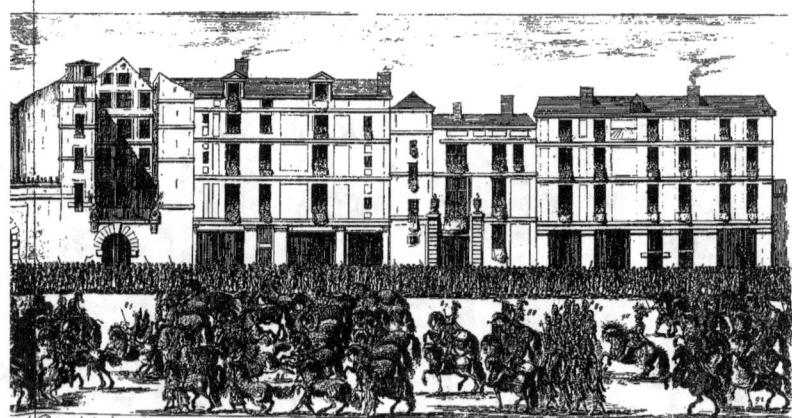

es du Prince de Condé.   87 *Deux Timbaliers*.   90   *Le Prince de Condé Chef de la quadrille des Turcs.*

chevaux de main du Prince de Condé 88 *Quatre Trompettes*.   91 *Les Dix chevaliers de la quadrille du Prince de Condé*

enien a chacun.   89 *Vingt quatre Esclaues*.   *suiuis chacun de quatre Esclaues.*

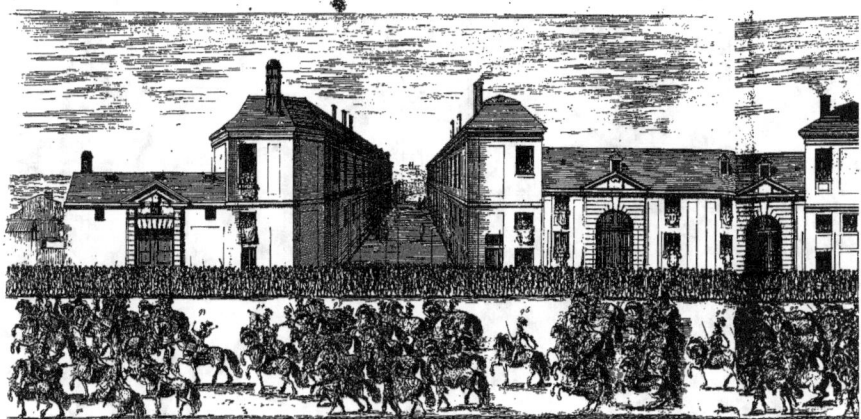

92 Vingt Pages des Chevaliers.
93 Vn Timbalier de la quadrille
     du Duc D'anguien.

94 Deux Trompettes.
95 Vingt chevaux de main des Chevaliers
     et deux palfreniers à chacun.
96 Vn Escuyer.

97 Douze Pages du Duc D'anguien.
98 Vn Escuyer.
99 Vingtquatre cheux de main du Duc
     D'anguien et deux Preniers à chacun.

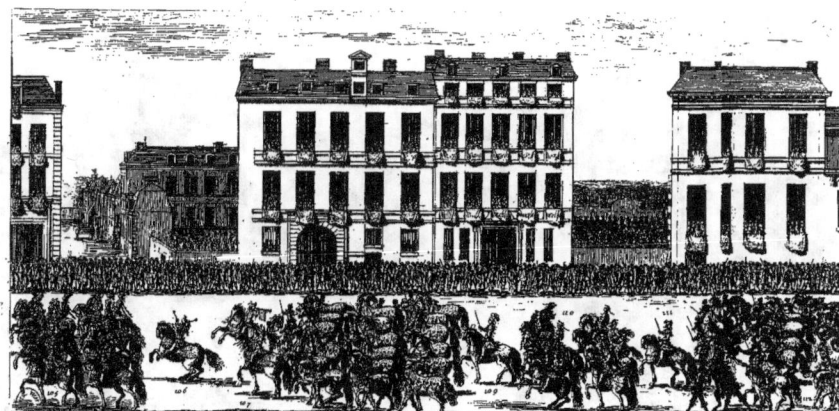

105 Vingt Pages des Chevaliers
106 Vn Timbalier de la quadrille du Duc
      de Guise.
107 Deux Trompettes.

108 Vingt chevaux de main des chevaliers,
      et deux palfreniers à chacun.
109 Vn Escuyer.
110 Douze Pages du Duc de Guise.

111 Vn Escuyer.
112 Vingt quatre cheux de main du Duc de
      Guise, et deux palfoirs à chacun.

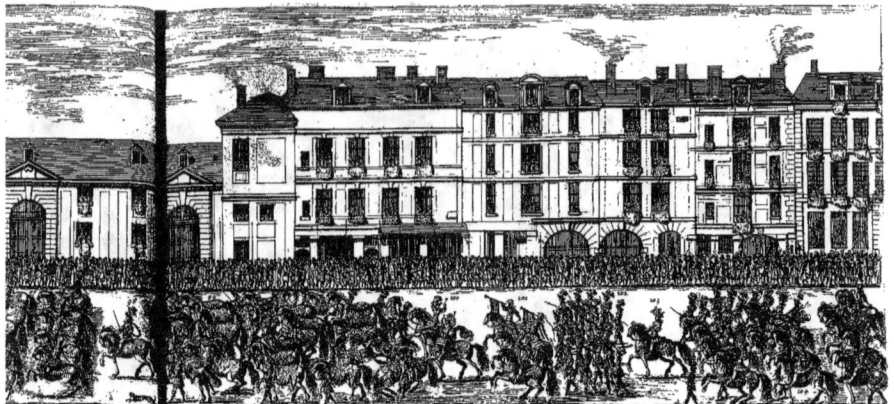

97. Douze Pages du Duc D'anguien.
98. Un Escuyer.
99. Vingt quatre chevaux de main du Duc
D'anguien redeux palfreniers à chacun.
100. Deux Timbaliers.
101. Quatre Trompettes.
102. Vingt quatre Esclaues.
103. Le Duc D'anguien chef de la quadrille Indienne
104. Ses dix Cheualiers de la quadrille du Duc D'anguien
suiuis chacun de quatre Esclaues.

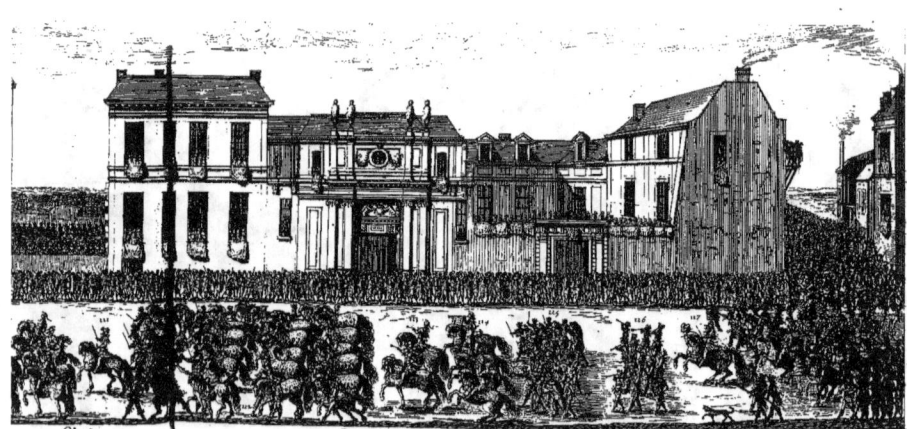

111. Un Escuyer.
112. Vingt quatre chevaux de main du Duc de
Guise et deux palfreniers à chacun.
113. Deux Timbaliers.
114. Quatre Trompettes.
115. Douze Satyres qui menent douze Ours
116. Douze Faunes.
117. Le Duc de Guise chef de la quadrille des Sauuages.
118. Ses dix cheualiers de la quadrille du Duc de Guise,
suiuis chacun de quatre Satyres.
Vingt Pages des Cheualiers.

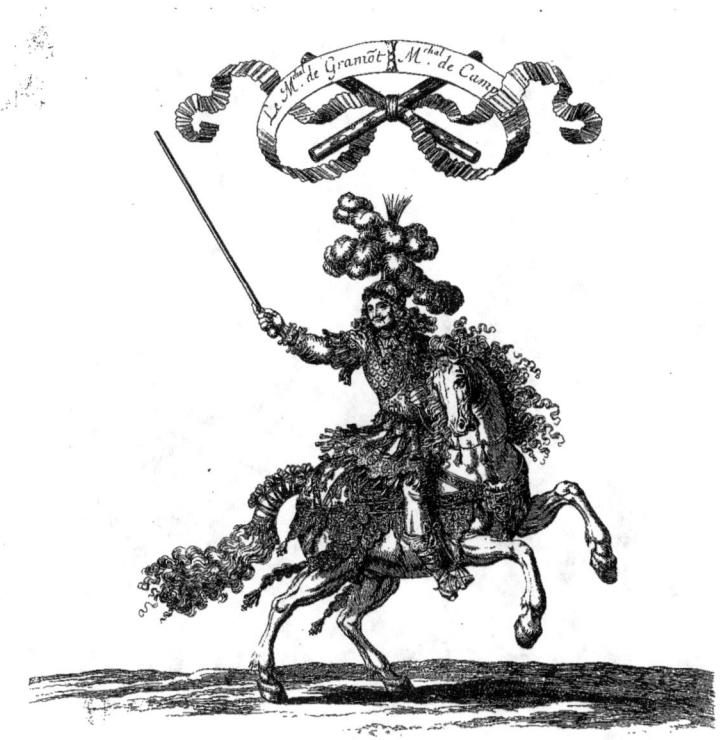

LE MARESCHAL DE GRAMONT MARESCHAL DE CAMP GENERAL.

IL étoit vétu à la Romaine, d'un habit en broderie d'or & d'argent sur un fonds de satin couleur de feu, les brodequins de même ; le tout garny d'une quantité innombrable
de Rubis ; son Casque étoit enrichy de pierreries, & ombragé d'un grand bouquet de
plumes, aussi couleur de feu, avec une Aigrette noire au milieu : Il portoit en sa main le
bâton de Commandant qui étoit d'or : le harnois de son cheval étoit pareillement en broderie d'or & d'argent, avec de grandes Aigles, & garny d'une infinité de rubans, ainsi que les
crins & la queüe.

N

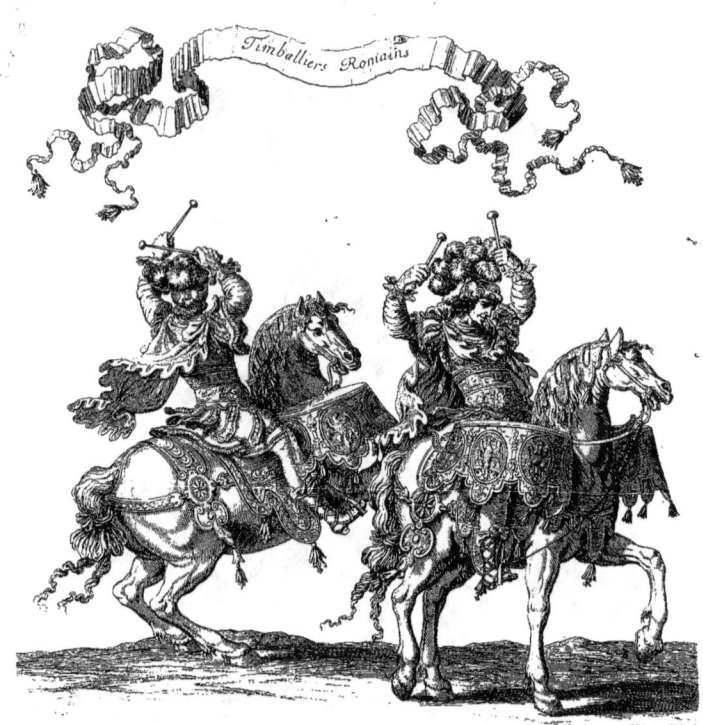

Timballiers Romains

Premiere Quadrille

F. Chauveau delin. et sculp.

TIMBALIERS ROMAINS.

L A Coiffure étoit un Casque d'or couvert de plumes couleur de feu.
Le Corps de l'habit étoit de toile d'argent rebrodée d'or, bandée de satin couleur de feu brodé d'argent.

Le tonnelet & les manches étoient de même que le corps, & les lambrequins étoient de couleur de feu brodé d'argent.

Les bas de soye étoient de gris de perle, & les botines d'argent chamarées d'or en brodequins. Cette chaussure étoit semblable en tous ceux de la Quadrille.

Le manteau étoit de même satin couleur de feu brodé d'or, & doublé de toile d'argent.

Le caparaçon & le harnois étoient aussi de satin couleur de feu brodé d'or & d'argent, garny de pieces d'Orféverie.

Les Banderoles des Timballes étoient de couleur de feu brodées d'or & d'argent, avec des Aigles d'or.

O

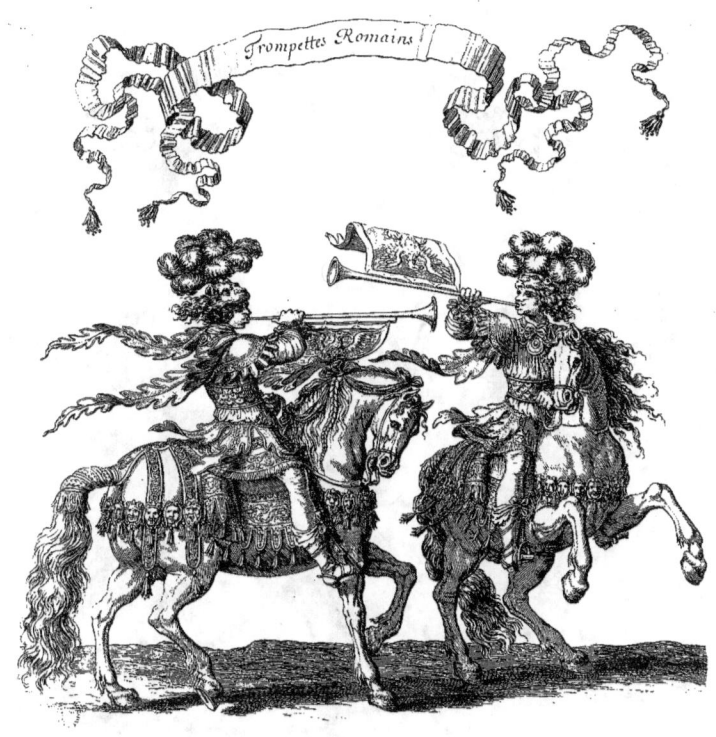

TROMPETTES ROMAINS.

L A Coiffure étoit en forme d'un mufle de Lion d'or, couvert de plumes couleur de feu.
        Le corps de l'habit étoit de toille d'argent, bordé d'une bande de broderie d'or à écailles.

Le Tonnelet étoit de même toille d'argent, couvert de dix grandes bandes de broderie d'or.

Les manches tenant au corps, & les manches pendantes & les lambrequins étoient de satin couleur de feu, brodé d'or & d'argent, & doublées de toille d'argent.

Le caparaçon & le harnois étoient de satin couleur de feu, chargé d'une bande d'or brodée d'argent, terminez par leurs campanes & lambrequins.

Le poitrail & la croupiere étoient enrichies de masques d'Orféveries, & les crinieres des chevaux liées d'Echarpes de toille d'argent.

P

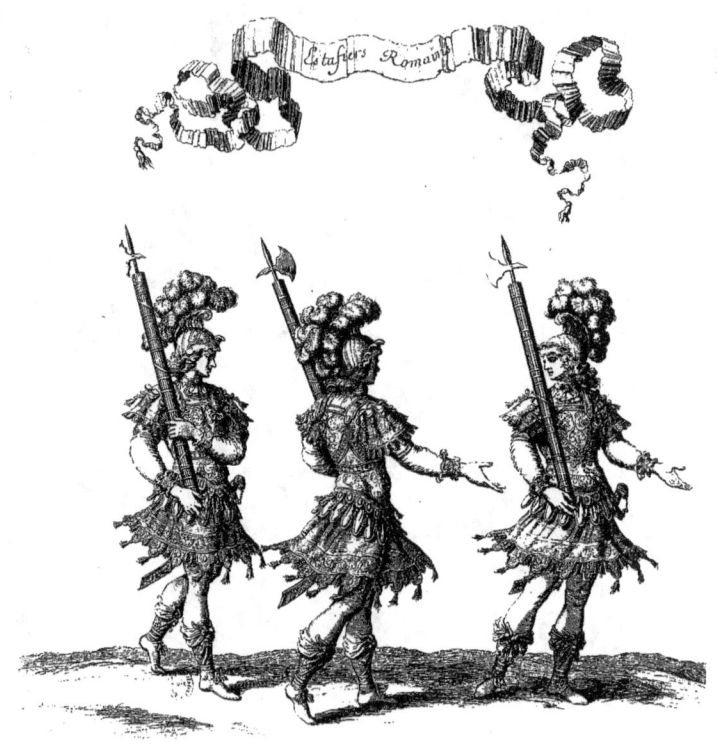

ESTAFIERS ROMAINS.

L A Coiffure étoit un Casque or & argent, couvert de plumes couleur de feu. Le corps de cuirasse étoit de toille d'argent brodée d'or, serré d'une ceinture de satin couleur de feu, brodé par écailles d'or. Les épaulettes & les écharpes étoient de bandes d'or.

Le tonnelet & les manches finissant en campanes étoient de satin couleur de feu, avec une bande d'or par en bas, & couverts de leurs lambrequins aussi de broderie or & argent.

Le Sabre étoit de vermeil doré avec les chaînes de même, & le foureau couleur de feu, garni de pieces d'or.

Le faisseau étoit de verges d'or liées d'argent.

Les brodequins étoient de satin couleur de feu, avec des masques d'or, qui avoient les revers de toille d'argent.

O

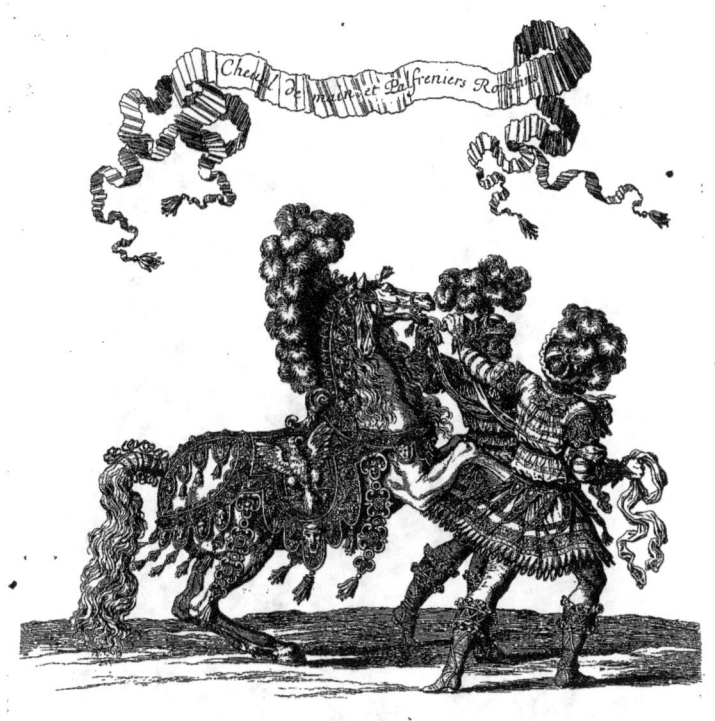

CHEVAL DE MAIN ET PALFRENIERS ROMAINS.

LE caparaçon étoit de satin couleur de feu avec de grandes bandes d'or chargées de pierreries & broderie or & argent coupées en campanes, ornées de masques d'Orféveries,
avec quatre pendans de pieces d'Orféverie. Et dans le milieu du caparaçon étoit un Aigle de broderie d'or relevée en bosse. Le chanfrain & la criniere étoient ombragez de
plume couleur de feu si bien attachées, qu'elles sembloient être un ornement naturel du
cheval.

L'habillement des Palfreniers étoit comme une espece de chemise de toile d'argent rayée
d'or frisé, & reliée par le mileu du corps d'une bande de satin couleur de feu brodée d'argent. Les lambrequins qui faisoient comme une seconde ceinture étoient de couleur de
feu brodé d'or, ainsi que le bout des manches.

Le bonnet de satin couleur de feu avec des bandes d'or & d'argent, couvert de plumes
couleur de feu.

R

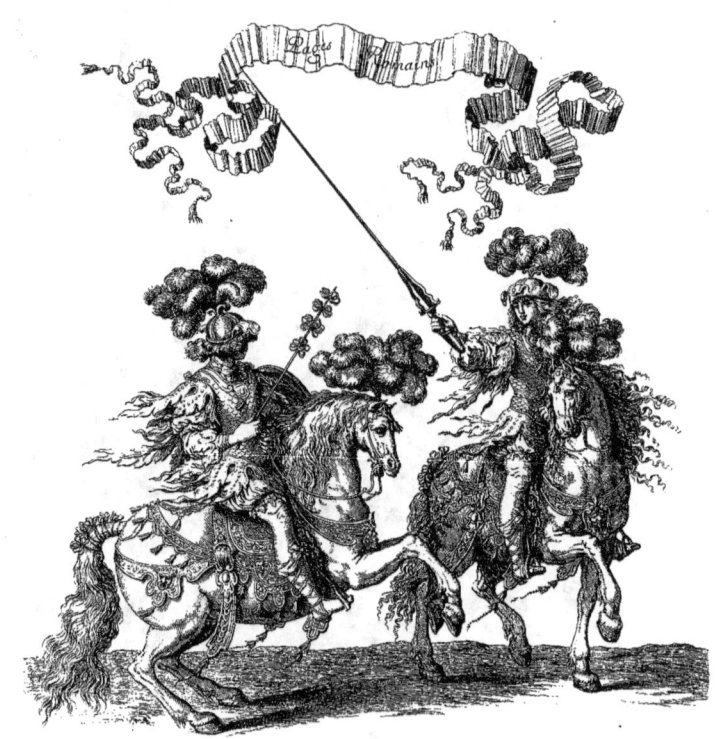

PAGES ROMAINS.

LE bonnet étoit de satin couleur de feu brodé en bandes d'or & d'argent. Les Pages étoient vétus des mêmes étoffes, & des mêmes couleurs que les précédans Officiers de la Quadrille, à la reserve que le corps étoit de brocart d'or brodé par écailles d'argent, & que les lambrequins tant des hauts des manches que de la ceinture, étoient taillées en écailles de satin couleur de feu, brodé d'or & doublé de toille d'argent.

Les manches de dessous étoient de toille d'or reliées d'un bracelet couleur de feu brodé d'or, & se terminoient en manchettes de toille d'argent, taillée en feüilles.

Les caparaçons étoient de satin couleur de feu brodé d'or.

Les uns portoient les Lances, les autres les Ecus, où les Devises étoient peintes.

S

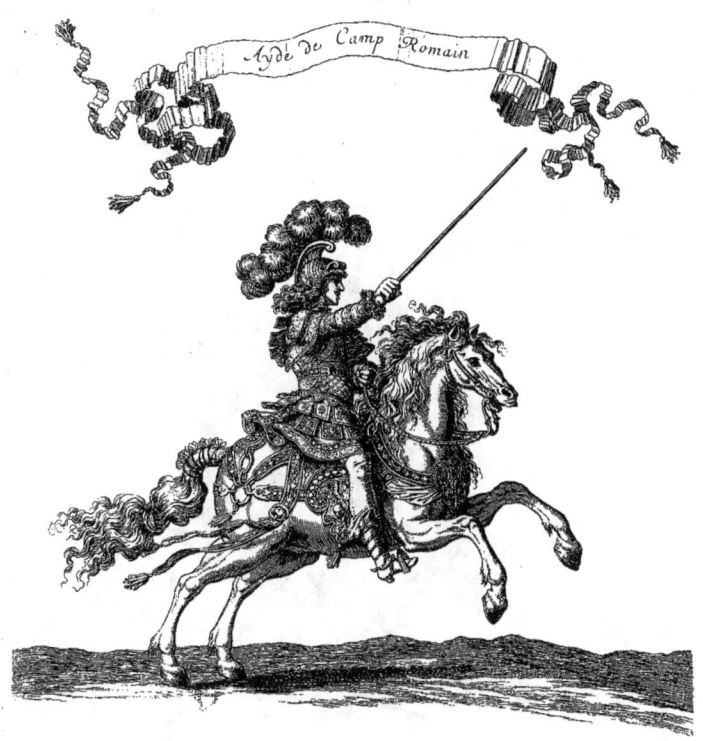

AIDE DE CAMP ROMAIN.

LE Casque étoit d'argent brodé d'or, ombragé de plumes couleur de feu.
Le corps étoit de toille d'argent rebrodé d'or en écailles.
Les manches ainsi que le saye étoient couleur de feu brodé d'or & d'argent, & les lambrequins de brocart d'or brodé d'argent.
Les manches de dessous étoient de toille d'argent brodée d'or.
Le caparaçon de satin couleur de feu brodé d'or & d'argent.

T

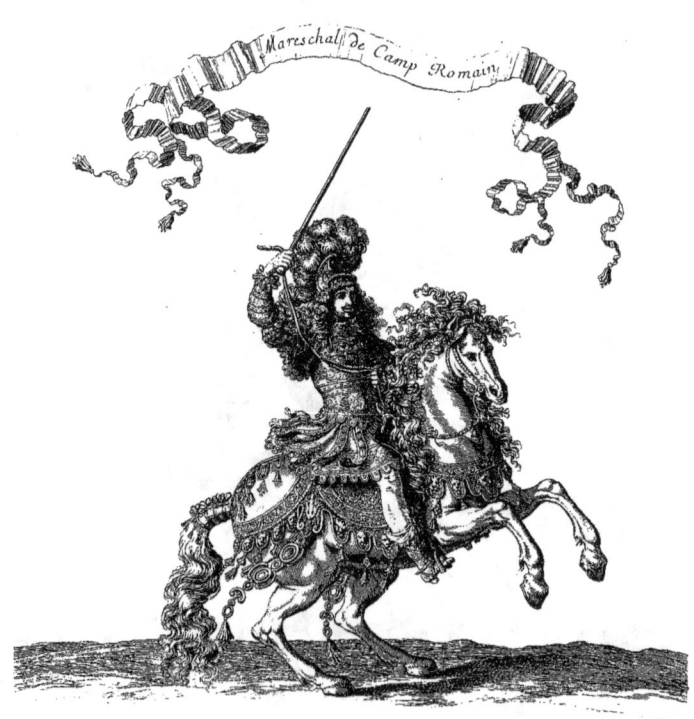

Mareschal de Camp Romain

MARESCHAL DE CAMP ROMAIN.

E Cafque étoit d'argent brodé d'or avec des plumes, couleur de la livrée.
Le corps de cuiraffe & les lambrequins étoient de brocart d'argent brodé d'or, &
né de bandes de pierreries.
Les manches tant celles de deffus que celles de deffous, & le faye étoient de fatin blanc
odé d'or.
Les brodequins étoient de brocart d'argent brodé d'or.
Le caparaçon étoit de fatin couleur de feu, brodé d'argent & de bandes de pierreries.

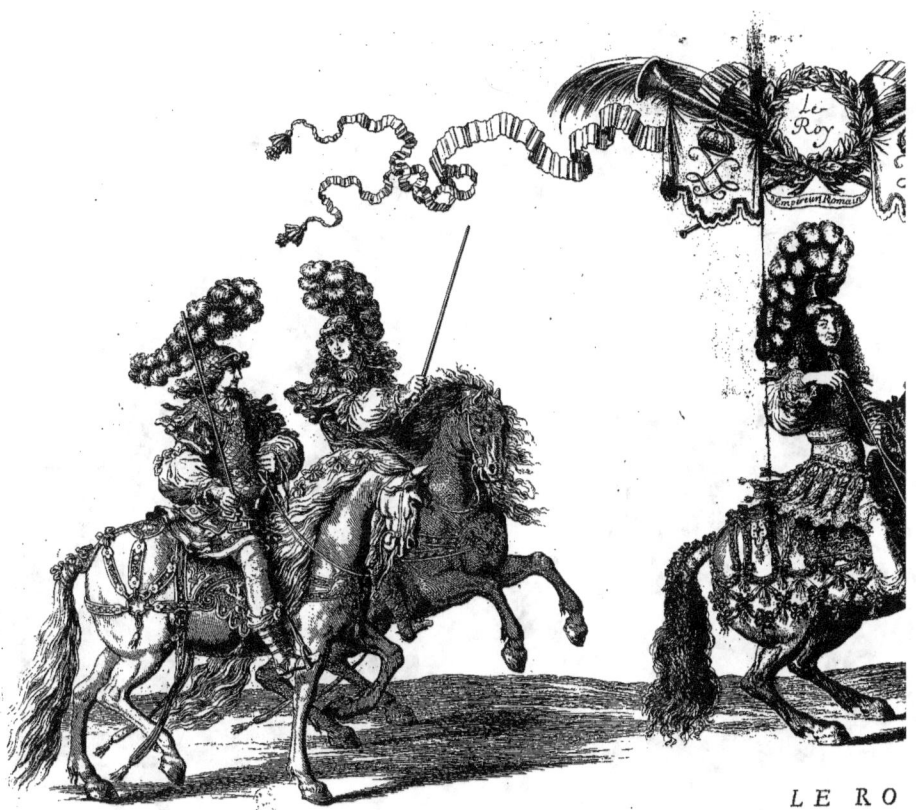

LE Roÿ étoit vétu à la Romaine, d'un corps de brocart d'argent rebrodé d'or, dont les épaules & le bas du Busq étoient terminez par des écailles de brocart d'or rebrodé d'argent, avec de gros Diamans enchaffez dans la broderie, & bordez encor d'un rang de Diamans. Aux extremitez de la gorgerette de même parure que le corps, & compofée de quarante quatre rofes de Diamans, fe joignoient par des agraffes de Diamans, les épaulettes de même étoffe & broderie que le corps, & au bout de chacune defquelles pendoit une campane de Diamans remplie de pendeloques de même. Au milieu de l'eftomac pendoit une autre groffe campane de même forte. Trois bandes de même étoffe & broderie que le refte, couvertes de 120. rofes de Diamans extraordinairement larges, & jointes par dedans avec trois grandes agraffes de Diamans, ceignoient cette magnifique Cuiraffe. Au bas du Tonnelet de même étoffe & broderie que le corps étoient des écailles comme les précedentes, chacune ayant fa campane à l'extremité. Les lambrequins des épaules & du bas du Busq qui tomboient fur ce Tonnelet, étoient de brocart d'or brodé d'argent avec de gros Diamans enchaffez dans la broderie, & des campanes. Les manches de même étoffe & broderie que le corps, étoient chargées de 52. pieces de chaînes; fur le haut 24. rofes de Diamans fur du brocart d'or faifoient le tour des bouts de manches, & ce tour étoit encor orné par des écailles, comme les précedentes. De cette manche fortoit une manche bouffante de toile d'argent, qui finiffoit par la manchette de même étoffe bordée d'or, & liée fur le poignet par un bracelet de Diamans. La Ceinture qui détachoit le corps étoit compofée de 54. pieces de chaînes de Diamans, d'une extraordinaire groffeur.

Il avoit un Cafque d'argent à feüillages d'or enrichy de deux grands Diamans, de douze rofes de Diamans fur les coftez, & d'un Cordon de douze autres rofes. Ce Cafque étoit om-

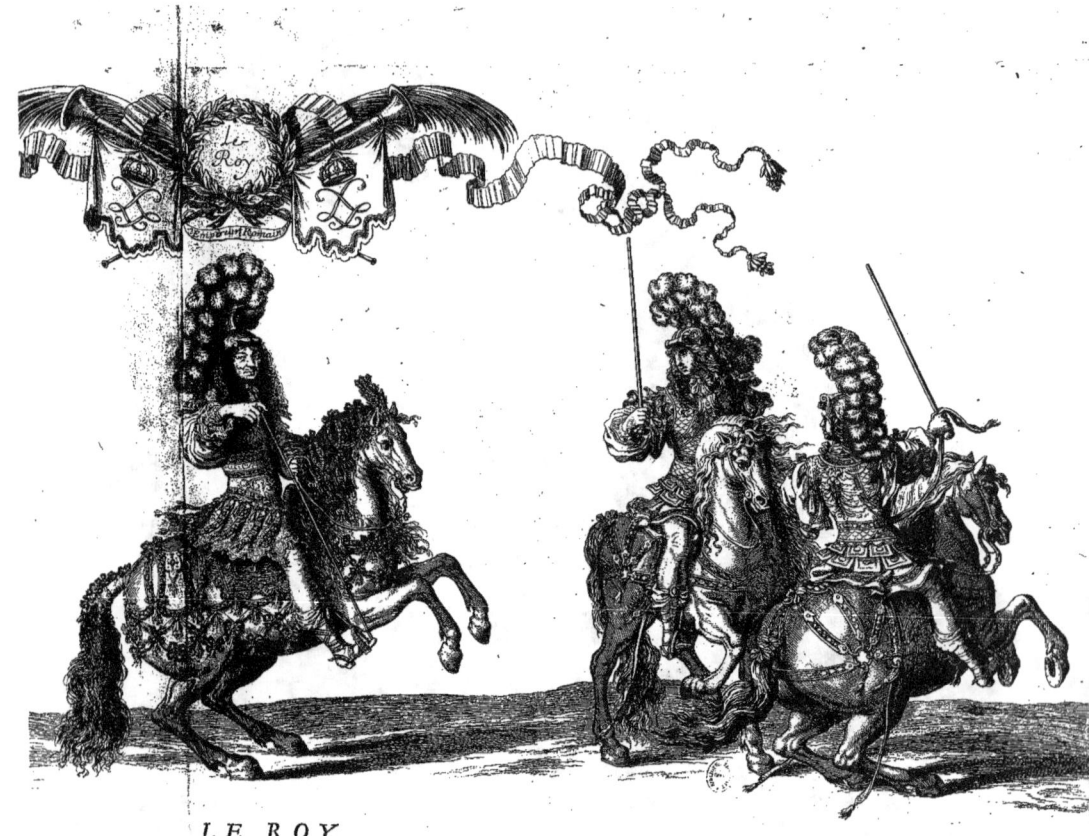

LE ROY,
EMPEREVR ROMAIN.

:odé d'or, dont les épaules & le
dé d'argent, avec de gros Dia-
ns. Aux extremitez de la gorge-
ofes de Diamans, fe joignoient
ie que le corps, & au bout de
deloques de même. Au milieu
ndes de même étoffe & brode-
t larges, & jointes par dedans
uiraffe. Au bas du Tonnelet de
précedentes, chacune ayant fa
qui tomboient fur ce Tonne-
affez dans la broderie, & des
t chargées de 52. pieces de chaf-
r des bouts de manches, & ce
e manche fortoit une manche
offe bordée d'or, & liée fur le
s étoit compofée de 54. pieces

ands Diamans, de douze rofes. Ce Cafque étoit om-

bragé d'une crefte de plumes couleur de feu, de laquelle fortoient quatre Herons.

Les Bottines étoient de brocart d'argent rebrodé d'or, reliées & entourées de bandes de brocart d'or brodé d'argent, enrichies comme celles de cy-deffus. Le revers de ces Bottines étoit brodé d'or & cou-pé en écailles, defquelles pendoient de petites campanes de Diamãs; le bas de foye étoit couleur de feu.

Son Cimeterre étoit couvert d'un fi grand nombre de Diamans, qu'à peine voyoit-on l'or dans lequel ils étoient enchaffez.

Il montoit un cheval Ifabelle doré, dont la fierté naturelle étoit encore augmentée par la magnifi-cence de ces habillemens. La Selle du cheval étoit de brocart couleur de feu brodé d'argent; tout le caparaçon du col, du poitrail, du flanc & de la croupe, n'étoit que des bandes de brocart d'or re-brodées d'argent, garnies de Diamans, & noüées de rubans couleur de feu avec des rofes de Dia-mans à chaque jointure, la queüe étoit ornée de mêmes bandes: Sur la croupe étoient deux grof-fes campanes de même étoffe & broderie que ces bandes; & à leur extremité comme au deffus de chaque nœud couleur de feu; dans tout le caparaçon il y avoit deux campanes de cartifane & argent mêlé de Diamans.

Au haut de la teftiere étoit attaché par une enfeigne de huit grands Diamans autour d'un plus grand, un bouquet de plumes couleur de feu, duquel fortoient quatre aigrettes de Diamans, au deffus defquelles s'élevoit une autre aigrette encore de Diamans, le tout à jour, & compofé de 150. pendelo-ques. Cette teftiere de même que les Refnes & les Eftrivieres étoit de brocart d'or brodé d'argent, & enrichy de Diamans, & l'extremité des Refnes & chanfrein étoit ornée de campanes & de pendelo-ques de Diamans. Y

Le Roy

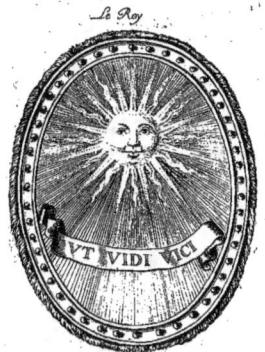

VT VIDI VICI

Le Comte de Vivonne. 2

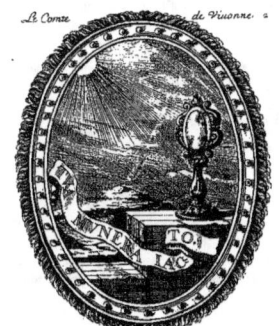

Le Comte de S.t Aygnan. 3

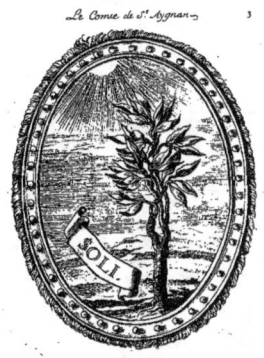

SOLI

Le Duc de Nauaille. 4

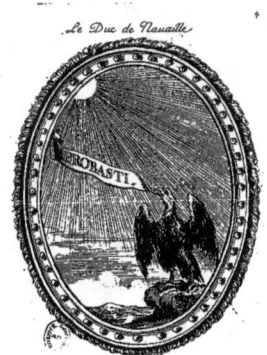

PROBASTI

Le Comte Darmagnac 5

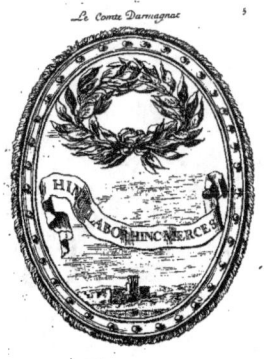

HINC LABOR HINC MERCES

DEVISES
DES CHEFS ET DES CHEVALIERS
DES QVADRILLES.
DEVISES DE LA PREMIERE QVADRILLE.
PREMIERE DEVISE
DV ROY.
Vn Soleil.

VT VIDI, VICI.

Auſſi-tôt que i'ay veu i'ay vaincu.

Il ſeroit mal-aiſé de trouver un Corps de Deviſe qui convint mieux au Roy que celuy du Soleil, veu le nombre preſque infiny de convenances illuſtres qui ſe rencontrent entre ce Grand Prince, & ce bel Aſtre ; Mais ſans doute qu'une des plus remarquables, & qui eſt touchée par cette Deviſe, eſt que comme le Soleil n'a qu'à ſe faire voir pour diſſiper les tenebres, ainſi ce Grand Monarque n'a beſoin que de ſa preſence pour vaincre ſes ennemis. Ce qui eſt heureuſement exprimé par ces mots, VT VIDI, VICI, qui font alluſion à ce mot de Iules Ceſar, *veni, vidi, vici.*

II. DEVISE
DV
COMTE DE VIVONNE.
Vn Miroir ardant.

TVA MVNERA FACTO.

Ie répans tes preſens.

Le Miroir ardant loin de renfermer en luy-méme la lumiere du Soleil, la reflé-chit, & la renvoye de toutes parts avec encore plus de force qu'elle ne luy eſt envoyée, & de cette ſorte il eſt le ſymbole parfait de la reconnoiſſance de ce Chevalier pour les bienfaits qu'il a receus de Sa Majeſté, qu'il s'efforce de faire éclater en tous lieux & en toutes rencontres.

III. DEVISE
DV COMTE
DE SAINT-AGNAN.
Vn Laurier expoſé au Soleil.

SOLI.

A luy ſeul.

Le Laurier eſt le ſymbole de la Victoire, qui a cela de commun avec ce Chevalier, qu'elle ne veut appartenir qu'au Roy ſeul, & ne ſe ranger iamais que de ſon party.

IV. DEVISE
DV
COMTE DE NAVAILLES.
Vne Aigle regardant le Soleil.

PROBASTI.

Vous m'avez éprouvé.

On ſçait que les Aigles éprouvent leurs Aiglons en les expoſant aux rayons du Soleil, & que ceux-là ſeulement ſont reputez eſtre veritablement de leur race qui en peuvent ſupporter l'éclat ſans ſiller les yeux. Ce Chevalier prétend de méme que les grands & illuſtres employs dont le Roy l'a honoré, & qu'il a ſoûtenus avec gloire, ſont des marques aſſurées de ſon merite & de ſa fidelité.

V. DEVISE
DV
COMTE D'ARMAGNAC.
Vne Couronne de Laurier.

HIC LABOR, HIC MERCES.

Là le travail, & là la recompenſe.

Ce Chevalier ſe promet que la Victoi-re repreſentée par cette Couronne, eſtant le but de tous ſes travaux, en ſera pareillement l'iſſuë & la recompenſe.

A a

VI. DEVISE
DV COMTE DV LVDE.
Vn Cadran expofé au Soleil.

TE SINE NOMEN INERS.

Sans toy je ne fuis rien.

Quelque jufte & bien fait que foit un Cadran, il ne peut eftre utile s'il n'eft regardé du Soleil. Ce Chevalier reconnoit de même que quelque merite qu'il puiffe avoir en fa perfonne, il ne peut devenir confiderable qu'autant qu'il plaira à fa Majefté de le confiderer, & de luy donner moyen de mettre en ufage les divers talens qu'il poffede.

VII. DEVISE
DV
COMTE DE LOVVIGNY.
Vn Iavelot fiché dans terre.

CERTASSE IVVABIT.

Il me fera avantageux d'avoir combatu.

Comme vn javelot eft toûjours preft au combat; de même ce Chevalier affure qu'il ne demande autre chofe que d'être employé aux nobles exercices de la guerre.

VIII. DEVISE.
DV COMTE
DE LA FEVILLADE.
Vn Girafol tourné vers le Soleil.

V N I.

Pour vn feul.

L'inclination que le Girafol témoigne pour le Soleil eft connuë de tout le monde; & c'eft par ce fymbole que le Chevalier qui le prend pour fa Devife a voulu marquer la fidelité inviolable, avec laquelle il veut s'attacher à fon Prince, & n'avoir jamais d'autres mouvemens que les fiens.

IX. DEVISE
DV MARQVIS
DE VILLEQVIER.
Vne Aigle qui plane.

VNI MILITAT ASTRO.

Il combat pour un feul Aftre.

L'Aigle accoûtumée à porter le foudre de Iupiter ne voudroit point fe charger des Armes d'une autre Divinité. Ce Chevalier affure de même qu'il ne veut être occupé qu'à la défenfe & à la garde de fon Prince qu'il regarde comme le feul Aftre d'où dépend toute fa fortune.

X. DEVISE
DV MARQVIS
DE RICHELIEV.
Vne Fufée volante.

ARDO PARA SVBIR.

Ie brûle pour m'élever.

Comme le feu qui brûle vne fufée volante eft caufe de fon élevation, on peut dire de même que l'amour de la gloire, dont l'ame de ce Chevalier eft embrafée, en luy faifant produire de grandes actions, fera caufe de fon éleuation aux plus grands & plus illuftres emplois.

XI. DEVISE
DV COMTE DE DVRAS.
Vn Lion regardant un Soleil.

DE TVOI SGVARDI MIO ARDORE.

De tes regards vient mon ardeur.

Le Lion qui ne fe plaît que dans les païs extremement chauds, eft redevable de l'ardeur de fon courage à celle des rayons du Soleil dont il eft échauffé: Ainfi ce Chevalier déclare que fa valeur s'augmente & fe redouble par les regards favorables de fon Prince.

Le Comte du Lude. 6

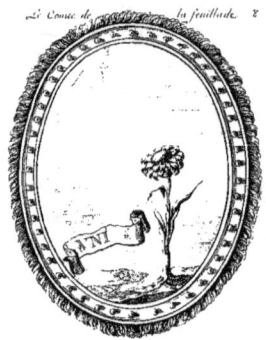

Le Comte de Loussigny 7

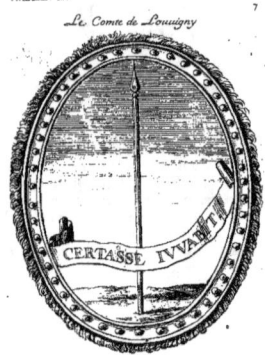

CERTASSE IVVABIT

Le Comte de la feuillade 8

ANI

Le Marquis de Villequier 9

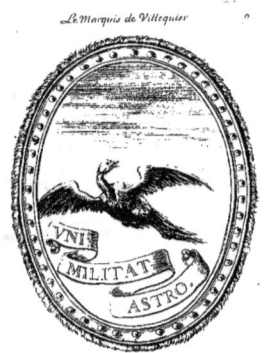

VNI MILITAT ASTRO.

Le Marquis de Richelieu 10

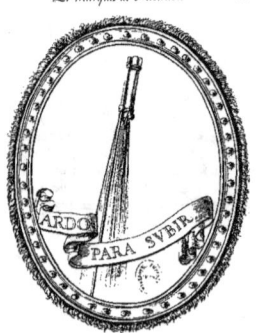

ARDO PARA SVBIR

Le Comte de Duras 11

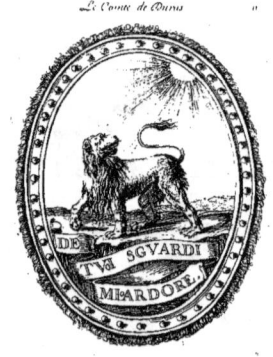

DE TVI SGVARDI MI ARDORE.

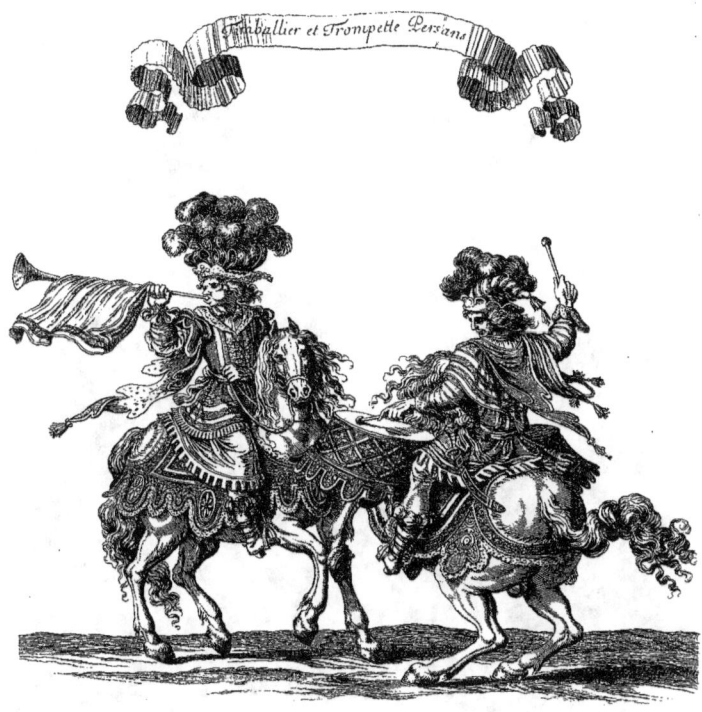

Seconde Quadrille.

FC del. et Sculp.

TIMBALIER ET TROMPETTE PERSANS.

L A Coiffure étoit un bonnet de satin incarnat brodé d'argent, doublé d'hermine, & couvert de plumes incarnates & blanches, qui étoient les couleurs de la Quadrille.

La veste étoit de satin incarnat bandé de blanc & brodée d'argent, & la souveste de toile d'argent; Les manches de dessus étoient de satin incarnat doublées d'hermine.

La Banderole de la Trompette étoit de satin blanc frangée & brodée d'incarnat & argent, & portoit la Devise du Chef de la Quadrille.

La Banderole des Timbales étoit de satin incarnat brodé d'argent.

Les caparaçons étoient de satin incarnat brodé d'or & d'argent, & doublé d'hermine.

Cc

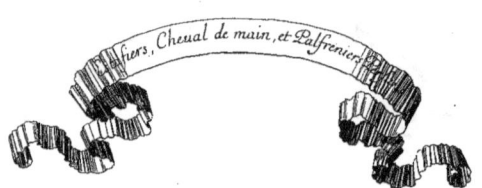

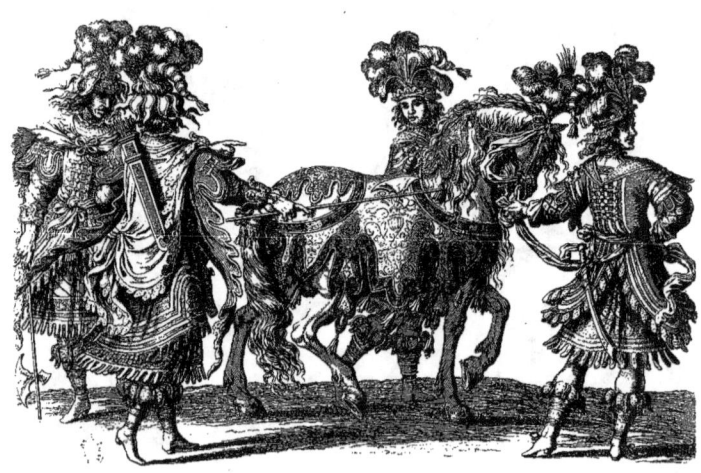

ESTAFIERS, CHEVAL DE MAIN, ET PALFRENIERS PERSANS.

L E bonnet tant des Eſtafiers que des Palfreniers étoit de ſatin incarnat & blanc, brodé d'or & d'argent, avec des plumes blanches & incarnates.

Le manteau des Eſtafiers étoit de toille d'argent ainſi que la ſoûveſte, terminez par des écailles, & lambrequins de broderie or & argent.

La veſte étoit de ſatin incarnat chamarée de ſatin blanc bordé d'argent.

Le Carquois étoit d'argent émaillé d'incarnat.

Le caparaçon du cheval étoit incarnat brodé d'argent, le tout bordé d'une riche broderie enrichie de diamans.

Les écharpes de la teſtiere étoient de toille d'argent.

Les Palfreniers étoient vêtus des mêmes étoffes & des mêmes couleurs, avec cette différence que leur veſte étoit bordée d'hermine.

Dd

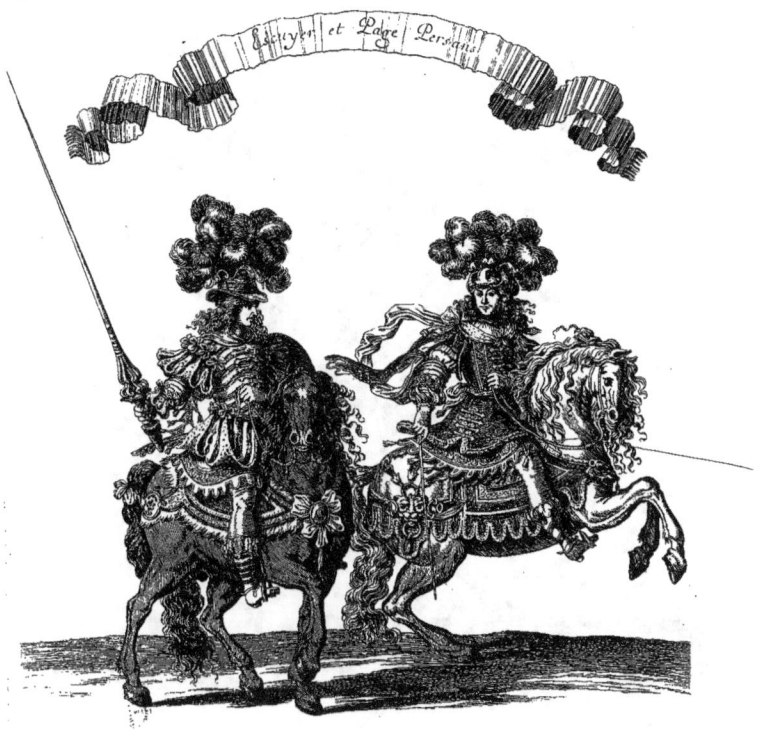

ESCVYER ET PAGE PERSANS.

L E bonnet tant de l'Ecuyer que du Page étoit de fatin incarnat brodé d'argent, doublé d'hermine, & couvert de plumes blanches & incarnates.

La vefte de l'Ecuyer étoit incarnate brodée d'argent, doublée d'hermine.

La foûvefte & les manches de deffus étoient d'argent brodé d'or.

Le caparaçon étoit de fatin incarnat bandé de fatin blanc brodé d'argent, & bordé d'hermine, les ornemens d'Orféverie étoient d'or.

L'habillement du Page étoit femblable pour les étoffes, & pour les couleurs.

Ee

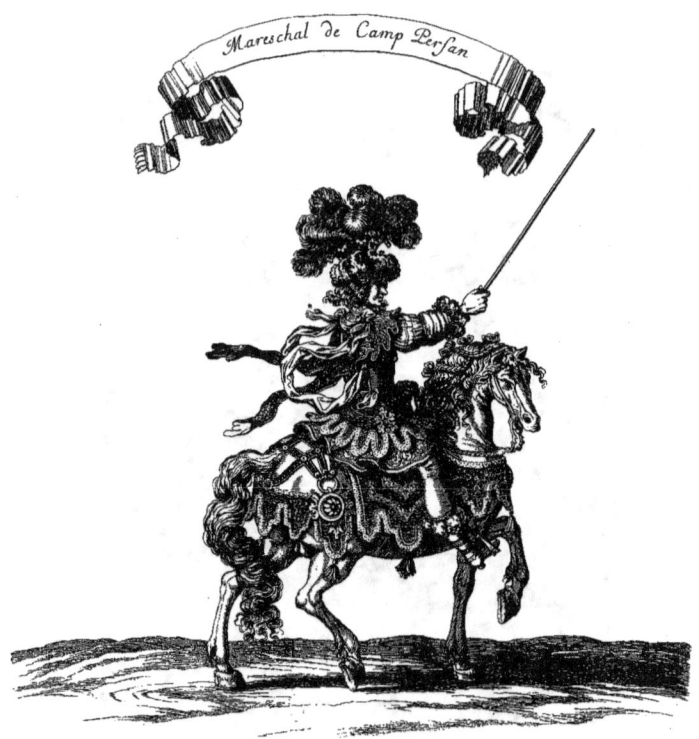

MARESCHAL DE CAMP PERSAN.

L E bonnet étoit de ſatin incarnat doublé de brocart d'argent , brodé d'or & de pierre-ries, avec des plumes des couleurs de la Quadrille.

La veſte de ſatin incarnat brodée par bandes de brocart d'argent , & bordée d'her-mine.

La ſoûveſte & les manches de deſſous brodées d'or.

Les manches pendantes étoient de ſatin incarnat brodées d'argent , & doublées de toille d'argent.

Le caparaçon du cheval étoit de ſatin incarnat brodé d'argent , & bordé d'hermine.

Ff

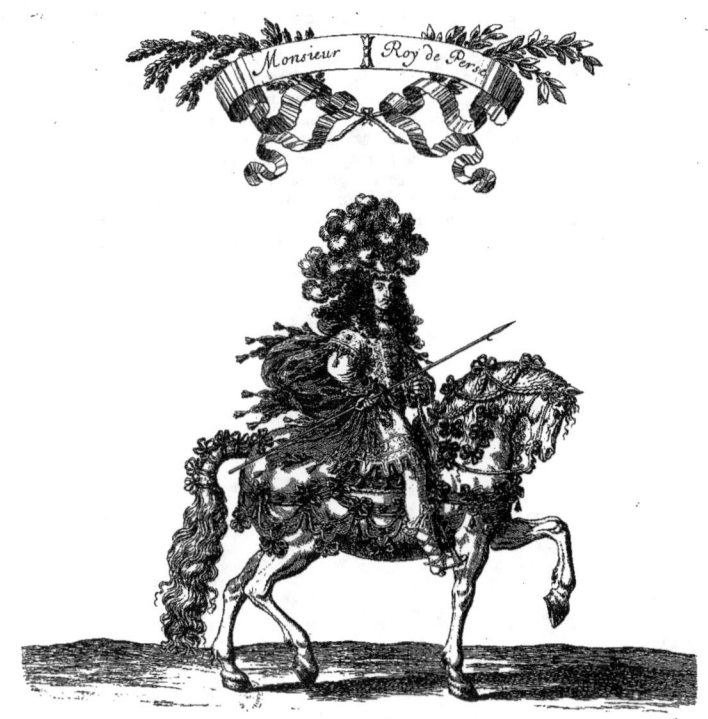

MONSIEVR, ROY DE PERSE.

LA vefte étoitde brocart d'argent rebrodé d'argent & parfemé de rubis, & fe joignoit pardevant avec de groffes agrafes de rubis. Sur le devant autour du col d'une épaule à l'autre, il y avoit une chaîne de gros rubis, les entourneures des épaules étoient deux chaînes de pareils rubis.

Les manches fe terminoient en des lambrequins entourez d'un rang de gros rubis, & qui avoient à leur bout des campanes de Cartifanne, & des pendeloques de rubis ; De deffous les manches qui ne paffoient gueres les épaules fortoient d'autres manches qui alloient jufqu'au poignet, & toutes pliffées jufqu'à la manchette qui faifoit des languettes.

Il portoit fur le dos une mante à la Perfane de brocart incarnat rebrodé d'argent, femée de perles, noüée fur les épaules par deux gros boüillons, & dont le bas finiffoit par des lambrequins garnis de campanes, comme cy deffus.

La coiffure étoit un bonnet à la Perfane d'un brocart incarnat, brodé d'argent avec une

Gg

bande au deſſus en écailles d'or , & un tour de même matiere chargé de pandeloques de rubis , & de perles. A ce bonnet étoit attachée une creſte de plumes incarnat & blanc ſans
nombre , ſur une grande roſe de rubis.

Le bas de ſoye étoit gris de perle , & les botines de même étoffe & broderie que la veſte,
le haut de chacune étoit orné de boüillons de brocart d'argent , & d'une roſe de rubis qui
les ſoûtenoient : outre cela , elles étoient chamarées en brodequins d'une bande de ſatin incarnat brodé d'argent , le tout garny de rubans incarnat & blanc.

La Selle du cheval étoit de brocart incarnat & argent rebrodé d'argent , & ſon molet
d'argent , tout le caparaçon étoit de même étoffe & broderie chargé de gros rubis , & com-
poſé par le bas de campanes , diſtinguées & terminées par des pandeloques de rubis & de
perles , & noüées de roſes de ruban incarnat & blanc , de même que tous les crins.

Il y avoit ſur le chanfrin une grande roſe de rubis , les ſix boſſettes étoient deux autres
roſes ; le mor , & les étriers étoient d'argent garnis de rubis , & les reſnes de brocart incarnat brodé d'argent aux extremitez , deſquelles pendoient des campanes à pandeloques ,
comme les précedentes.

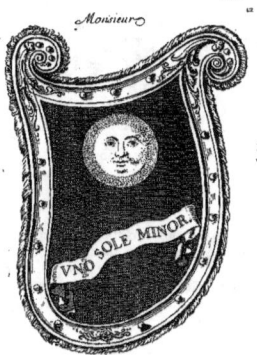

Monsieur

VNO SOLE MINOR.

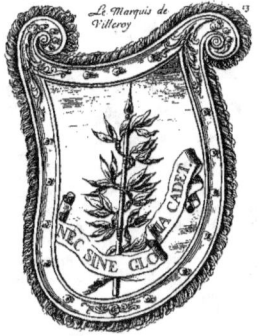

Le Marquis de
Villeroy

NEC SINE GLO A CADET

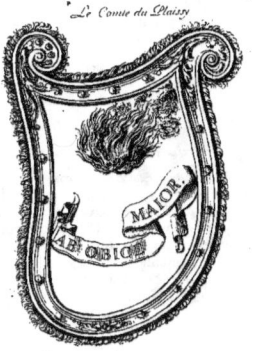

Le Comte du Plaissy

AB OBICE MAIOR.

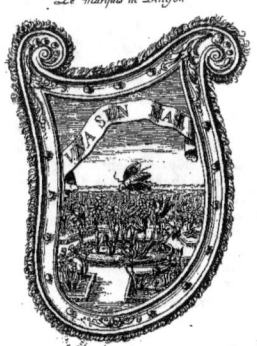

Le Marquis de Bellefon

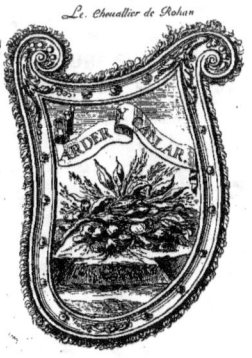

Le Chevallier de Rohan

ARDER ... AR

DEVISES
DE LA SECONDE QVADRILLE.
I. DEVISE
DE MONSIEVR.

Vne Lune en son plein.

VNO SOLE MINOR.

Le Soleil seul est plus grand que moy.

Comme la Lune particulierement en son plein surpasse de beaucoup les autres Astres en grandeur & en lumiere ; en sorte qu'il n'y a que le Soleil qui ait en cela quelque avantage sur elle , on peut dire , que c'est avec beaucoup de justice que Monsieur Frere Vnique du Roy l'a prise pour le corps de sa Devise , puis qu'il ne voit point de rang au dessus du sien que celuy de sa Majesté. Mais elle luy convient encore particulierement en cette rencontre, parce qu'il represente le Roy de Perse, qui s'estimant le plus grand de tous les Roys, ne reconnoissoit au dessus de luy que le Soleil qu'il adoroit.

II. DEVISE
DV
MARQVIS DE VILLEROY.

Vn Dard entouré de Laurier.

NEC SINE GLORIA CADET.

La chûte même sera glorieuse.

De même que ce Dard est toûjours environné de Laurier, quelque part qu'on le lance, soit qu'il frappe au but , soit même qu'il tombe à terre : Ainsi ce Chevalier a voulu faire entendre que quelque expedition qu'il entreprenne , elle sera toûjours accompagnée de la gloire dont le Laurier est le symbole, soit qu'elle luy reüsisse avantageusement, soit même qu'il y perde la vie.

III. DEVISE
DV
COMTE DV PLESSIS.

Vne flâme.

AB OBICE MAIOR.

Plus grand par la resistance.

L'activité & la violence du feu s'augmentent par la resistance qu'il rencontre, & plus il est resserré, plus il éclate ; Il en est de même d'un grand courage, qui sent redoubler son ardeur , soit dans la guerre , soit dans l'amour, par les obstacles & les difficultez qui se presentent.

IV. DEVISE
DV
MARQVIS DE BELLEFOND.

Vne Abeille qui vole sur vn Parterre.

VNA SIN MAS.

Vne sans plus.

Comme une Abeille, après avoir consideré toutes les fleurs d'un Parterre , enfin s'attache à une seule ; De même ce Chevalier fait entendre par cette Devise, qu'encore qu'il ait beaucoup de civilité , & d'inclination pour toutes les Dames ; Il y en a une neantmoins qui a toutes ses affections, & à laquelle son cœur est particulierement attaché.

V. DEVISE
DV
CHEVALIER DE ROHAN.

Des Lauriers sur des charbons ardans.

ARDER Y CALLAR?

Brûler & se taire.

Ce feu peut representer ou celuy de la gloire ou celuy de l'amour, mais de quelque sorte qu'on l'interprete, ce Chevalier declare qu'il luy est aussi impossible d'en brûler sans faire du bruit , soit en faisant parler de luy par ses belles actions , soit en parlant de son ardeur à celle qui en est la cause, qu'il est mal aisé que des Lauriers se laissent consumer par le feu qui les brûle sans faire beaucoup de bruit & beaucoup d'éclat.

Ii

VI. DEVISE
DV
COMTE DE L'ISLEBONNE.
Vn flambeau en plein jour.
NOLLEM CESSISSE MINORI.
Ie ne voudrois pas le ceder à vn moindre.

Comme il n'y a que la seule lumiere du Soleil qui soit capable d'effacer celle d'un flambeau qui éclate durant la nuit quelque autre Astre qui brille dans le Ciel. Ce Chevalier prétend de même que la gloire de sa Majesté efface à la verité la sienne : mais qu'il se sent enflamé d'un si grand desir d'en acquerir, qu'il ne voudroit pas le ceder à pas un autre.

VII. DEVISE
DV
PRINCE DE MARSILLAC.
Vne fournaise jettant vne grande flâme.
PIV NE COPRE, CHE NE SCOPRE.
Elle en cache plus qu'elle n'en fait voir.

Quelque grande que soit l'ardeur des vrays Amans, leur discretion doit être encore plus grande, & cacher plus de la moitié de leur passion. C'est ce qu'a voulu faire entendre ce Chevalier par cette fournaise, dont l'on ne peut empêcher qu'il ne sorte quelque flame : mais qui en renferme bien plus qu'elle n'en laisse paroître.

VIII. DEVISE
DV COMTE DE FOIX.
Vn Ecu plein.
COSI VVOL AMORE.
Amour le veut ainsi.

La plus-part des Amans témoignent leur passion dans leurs Devises, & publient bien souvent ce qu'ils devroient cacher : Mais ce Chevalier aimant à faire voir son amour par sa discretion, dit que ce même amour luy défend d'en faire rien paroître.

IX. DEVISE
DV COMTE DE CLERE.
Vne grande flâme.
FOELICITER AVDAX.
Heureusement audacieux.

La flâme s'éleve sans cesse, & par vne heureuse hardiesse prend toûjours le dessus ; A son imitation ce Chevalier espere avoir toûjours avantage & sur ses rivaux & sur ses ennemis.

X. DEVISE
DV COMTE DE VAILLAC.
Vne grande flâme.
NE FREN NE TEMPO.
Ny frein, ny temps.

Comme la flâme surmonte tous les obstacles qu'elle rencontre, & qu'elle s'augmente avec le temps au lieu de diminuer tant qu'elle trouve de l'aliment. Ainsi l'ardeur d'un grand courage se redouble par les difficultez, & par le temps quand il luy fournit de nouvelles occasions de se signaler.

XI. DEVISE
DV COMTE D'ILLIERS.
Vne fusée volante.
POCO DVRI PVR CHE M'INALZI.
Que je dure peu pourveu que je m'éleve.

Vne fusée volante ne dure pas long-temps, mais elle s'éleve toûjours & avec éclat tant qu'elle dure. Ce Chevalier qui la prend pour sa Devise, souhaite de luy ressembler, consentant que sa vie soit de peu de durée, pourveu qu'elle soit éclatante, & qu'elle aille toûjours s'élevant jusqu'au comble de la gloire.

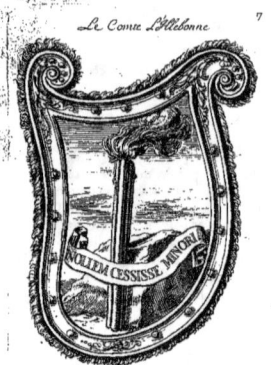

Le Comte L'Hillebonne   17

NOLLEM CESSISSE MINORI

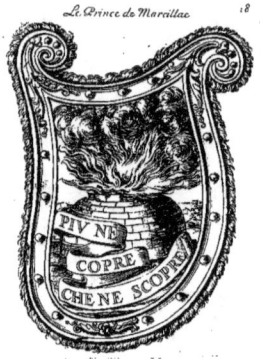

Le Prince de Marcillac   18

PIV NE COPRE
CHE NE SCOPRE

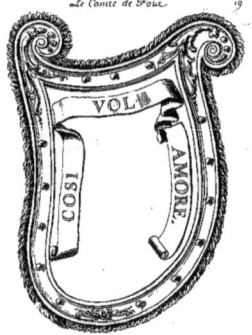

Le Comte de Foux   19

VOL
COSI   AMORE.

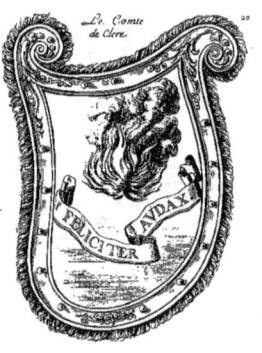

Le Comte de Clere   20

FELICITER   AVDAX

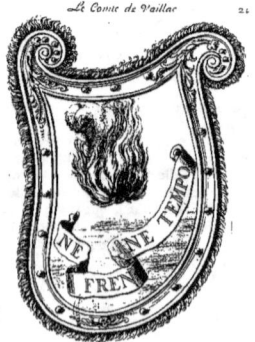

Le Comte de Vaillac   21

NE   NE TEMPO
FREN

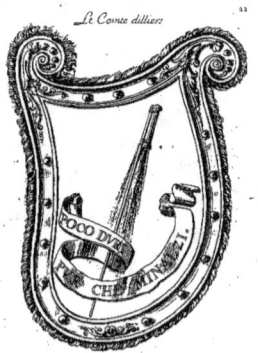

Le Comte d'Illiers   22

POCO DVR
PER CHE MINOR EL.

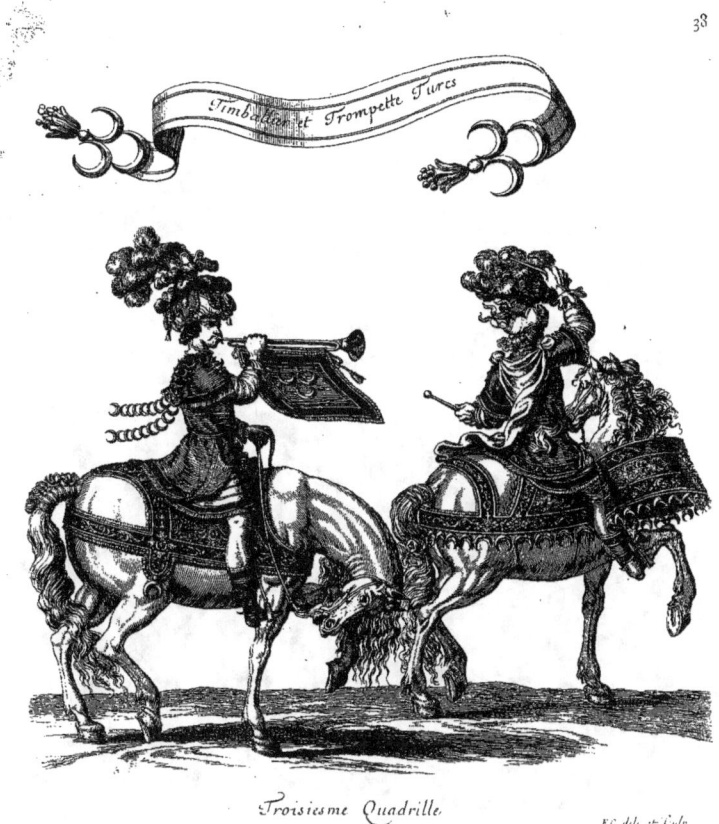

Timbalier et Trompette Turcs

Troisiesme Quadrille.

F.C. delin et fculp.

TIMBALIER ET TROMPETTE TVRCS.

L A Coiffure étoit un Turban de toille d'argent rayé de bleu, & les revers de fatin bleu brodé d'argent.

Les plumes étoient à trois rangs, noires, bleuës & blanches.

La vefte de fatin bleu bandée de fatin noir aux extremitez, & frangée d'argent; elle étoit doublée de toille d'argent.

La foûvefte & les manches de deffous étoient de fatin blanc, bandées de fatin brodé d'or.

Les brodequins étoient de fatin bleu chamaré de blanc, & de noir.

Le caparaçon du cheval & les banderolles, tant de la Timbale que de la Trompette, étoient de fatin bleu bandé de fatin noir brodé d'or,& tous les Croiffans étoient d'argent.

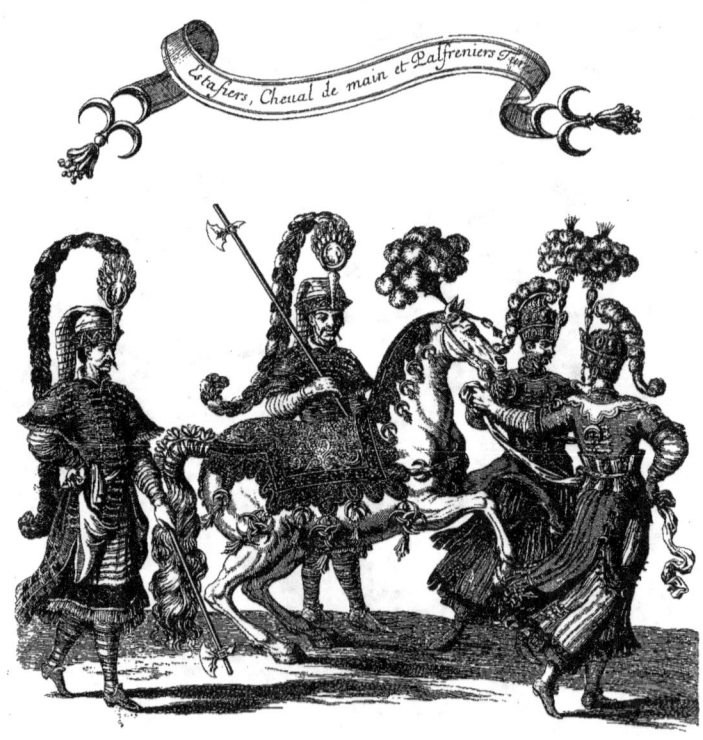

ESTAFIERS, CHEVAL DE MAIN, ET PALFRENIERS TVRCS.

LE bonnet étoit de toille d'argent chamaré d'or, doublé de satin bleu brodé d'argent ; l'Aigrette naissoit d'un Croissant d'argent embrassant un miroir, & autour étoient des écailles d'or & d'argent, d'où sortoient des plumes pendantes, noires, bleuës & blanches.

La veste étoit de satin bleu avec des bandes de satin noir aux extremitez, brodée & frangée d'or & d'argent, & doublée de toille d'argent.

Les Boutonnieres étoient d'argent.

La soûveste & les manches de dessous de satin blanc, rayées de noir & bleu brodées d'argent.

Les brodequins étoient de satin bleu, chamaré de blanc & de bleu.

Le caparaçon du cheval étoit de satin bleu brodé d'argent, avec une bande de satin noir brodée d'or & d'argent, enrichie de Turquoises & de Diamans.

Les Croissans étoient d'argent.

Mm

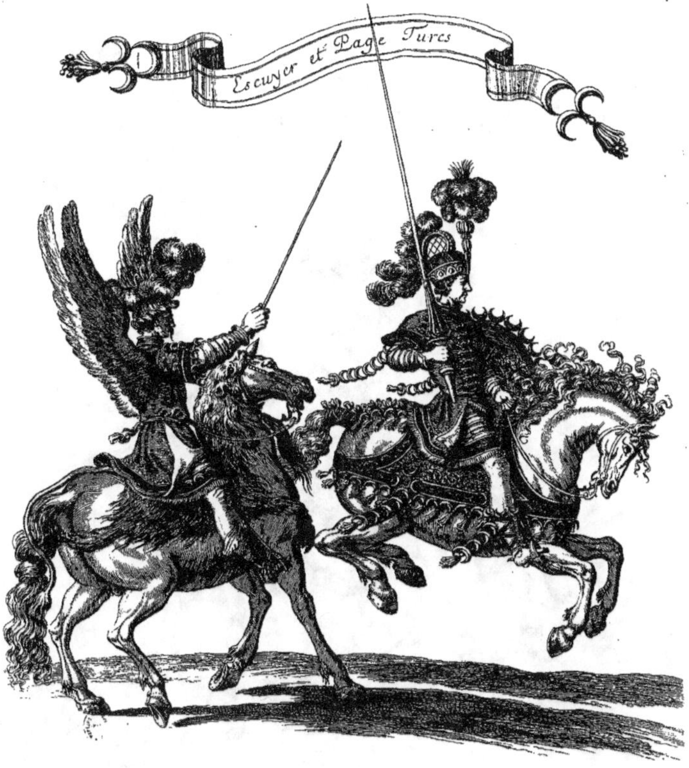

Escuyer et Page Turcs

ESCVYER ET PAGE TVRCS.

L A Coiffure étoit moitié Bonnet & moitié Turban. Le Bonnet étoit de fatin bleu brodé d'argent, & le Turban étoit de toile d'argent rayé de bleu : Outre les plumes ordinaires, il y en avoit encore en forme d'aifles, tant fur le Bonnet qu'aux deux épaules, de couleur de la Quadrille.

La vefte étoit de fatin bleu, doublée de toile d'argent, & bordée de fatin brodé d'or & d'argent.

Le caparaçon du cheval de l'Ecuyer étoit une peau de Lyon, dont la crini ere étoit d'or.

Et le caparaçon du cheval du Page étoit de fatin bleu brodé dargent, & bandé de fatin noir brodé d'or, avec des Croiffans d'argent.

Nn

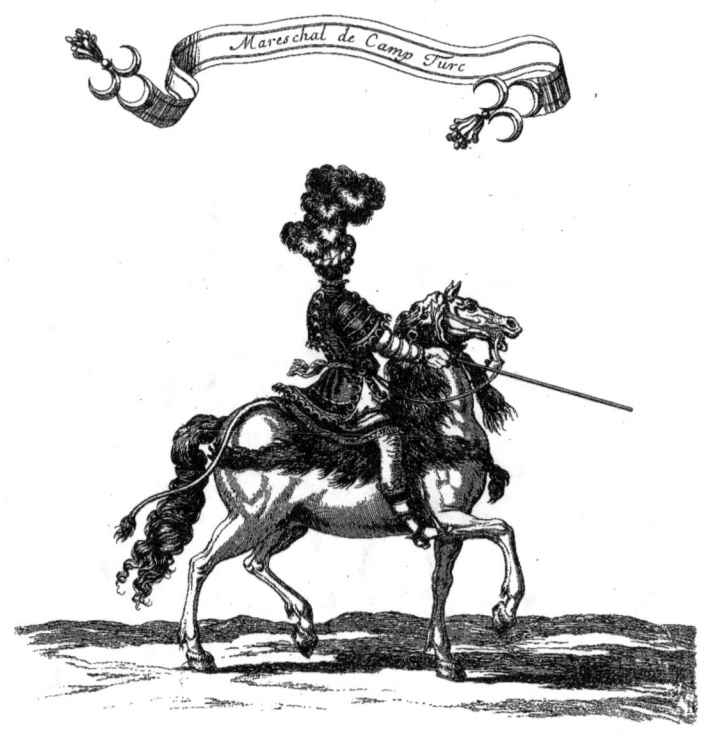

Mareschal de Camp Turc

MARESCHAL DE CAMP TVRC.

L'Habit étoit semblable à celuy de l'Ecuyer, à la reserve seulement qu'il n'avoit pas de ces grandes aisles attachées au dos.

Oo

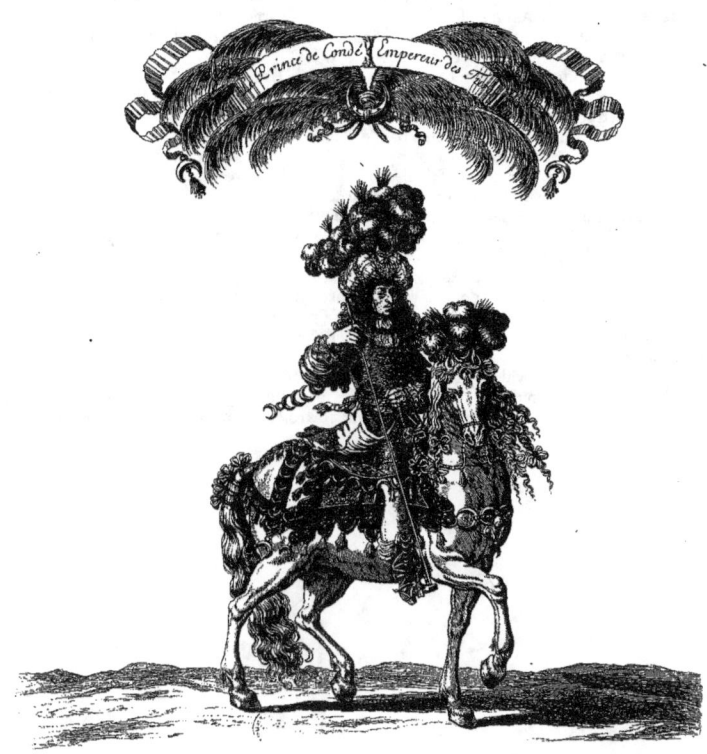

LE PRINCE DE CONDE, EMPEREVR DES TVRCS.

L A fûvefte étoit de fatin rouge cramoify brodé d'argent , qui fe joignoit pardevant avec de groffes agraffes de Turquoifes , & de Diamans. Les entourneures des épaules de deffus étoient auffi de Turquoifes & de Diamans, & celles de deffous de Croiffans d'argent d'Orféveries.

De deffous celles-cy fortoient des lambrequins femez de Diamans & de Turquoifes, enchaffez dans la même broderie & étoffe que la fûvefte.

Cette fûvefte finiffoit en bas par de femblables lambrequins , & le revers qui étoit de brocart d'argent paroiffoit, parce que les coins de devant étoient relevez & attachez par des agraffes femblables aux autres, à une écharpe d'étoffe à la Perfane d'argent rayée de filets d'or, dont les bouts étoient garnis de frange d'or.

Au devant du Turban qui étoit de même étoffe , & environné de bandes de brocart d'argent rebrodé d'argent, & garny de Diamans & de Turquoifes , paroiffoit vn Croiffant de mêmes pierreries, fur une grande Enfeigne de même.

P d

Ce Croiſſant ſoûtenoit une maſſe de plumes blëues, blanches, & noires, deſquelles ſortoient quatre Herons.

Il avoit une ſoûveſte de brocart d'or brodé d'argent, qui étoit garnie par le bas de Croiſſant d'argent d'Orſévérie, diſtinguez par des campanes de cartiſanne d'or.

Les manches étoient du même brocart liées avec des bracelets de Diamans, & de Turquoiſes: la manchette étoit en forme d'écailles, de brccart d'argent.

Des Croiſſans d'argent d'Orſévérie enchaînez les uns aux autres, compoſoient deux manches pendantes derriere les épaules.

Les botines étoient de ſatin rouge cramoiſy brodé d'argent, & doublé de brocart d'argent, renverſées & bordées par le haut d'un tour d'écailles rouge cramoiſy bordé d'argent: le devant étoit garny depuis le haut juſqu'au bas de Croiſſans d'argent comme les premiers, & le reſte étoit entouré & relié d'une bande de brocart d'or rebrodé d'argent.

La houſſe de ſatin bleu bordée d'argent, étoit entourée d'une bande noire brodée d'or taillée en campanes, chacune deſquelles étoit garnie d'une roſe de Turquoiſe, & de Diamans, & avoit à ſon bout une autre campane de cartiſanne d'or.

Il y avoit une cartouche de vermeil doré attachée à la houſſe par des Turquoiſes & des Diamans, & par deux Croiſſans de même vermeil au bas de cette cartouche pendoit un autre croiſſant de même.

Le caparaçon de la croupe étoit de ſatin bleu brodé d'argent, & chargé de grands Croiſſans de vermeil doré, avec des campanes de cartiſanne d'or tout autour, le mors, les étriers, & les éperons étoient de vermeil doré garnis de Turquoiſes & de Diamans, les boſſettes de deux roſes de mêmes pierreries, la teſtiere, les reſnes, & les eſtrivieres de brocart d'or garnies de même.

Sur le front du cheval qui étoit un grand courſier de Naples blanc, pendoit un grand Croiſſant de mêmes pierreries, au deſſus duquel paroiſſoit un chanfrein de plumes blëues, blanches & noires, tous les crins étoient noüez de roſes de rubans de même couleur.

Le Prince de Condé   23

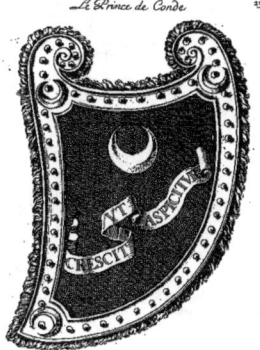

Le Comte de Sery.   24   Le Marquis de Soyecour   25

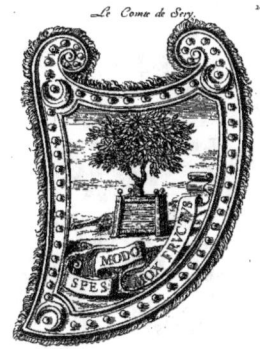   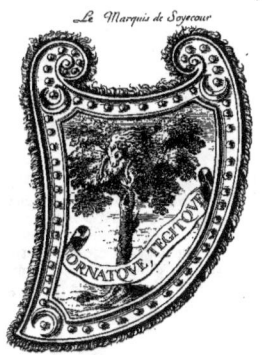

Le Comte de Sault   26   Le Duc de Boullion   27

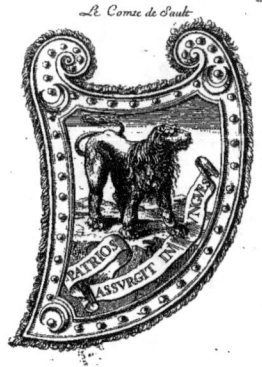   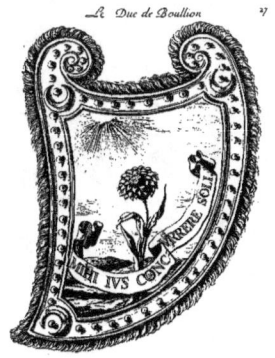

DEVISES
DE LA TROISIEME QVADRILLE.
I. DEVISE
DV PRINCE DE CONDÉ.
Vn Croiſſant.

CRESCIT VT ASPICITVR.

Il augmente ſelon qu'il eſt regardé.

Comme le Croiſſant augmente de plus en plus en lumiere ſelon qu'il eſt regardé du Soleil, ainſi le Prince qui le prend pour ſa Deviſe, veut faire entendre que tenant du Roy toutes ſes grandeurs, & tout ſon éclat, il réconnoit que ſa gloire augmentera à proportion des regards favorables qu'il recevra de ſa Majeſté.

II. DEVISE
DV
COMTE DE SERY.
Vn Arbre chargé de fleurs.

SPES MODO, MOX FRVCTVS.

Maintenant l'eſperance, bien toſt le fruit.

Les fleurs d'un arbre ſont comme une aſſurance des fruits qu'il doit donner : ce qui marque tres-bien ce qu'on peut attendre d'un jeune Chevalier, qui promet dans peu les fruits d'une valeur conſommée, bien qu'il ne ſoit encore que dans la premiere fleur de ſon âge.

III. DEVISE
DV MARQVIS
DE SOYECOVRT.
La Toiſon d'or ſur vn arbre.

ORNATQVE, TEGITQVE.

Elle le pare, elle le couvre.

La Toiſon d'or ſervoit d'ornement tout enſemble, & de défenſe à l'arbre qu'elle couvroit, & de cette ſorte elle convient parfaitement au Maiſtre de la Garderobe, qui ne ſe vante pas ſeulement de parer ſon Prince : mais de le défendre auſſi en toutes occaſions, au peril de ſa vie.

IV. DEVISE
DV
COMTE DE SAVLT.
Vn jeune Lion.

PATRIOS ASSVRGIT IN VNGVES.

Il atteint à la vertu de ſes Anceſtres.

Il eſt aiſé de voir par cette Deviſe que le Chevalier qui la porte, veut égaler la vertu de ſes ayeuls, & imiter le jeune Lyon, qui donne dé-jà des marques qu'il ſe rendra avec l'âge auſſi redouté que ſes peres.

V. DEVISE
DV
DVC DE BOVILLON.
Vn Giraſol.

MIHI IVS CONCVRRERE SOLI.

J'ay droit de ſuivre le Soleil.

Cette Plante a l'avantage de ſuivre en quelque ſorte le cours du Soleil ; ainſi ce Chevalier ne pouvoit choiſir un corps de Deviſe, qui marquât plus préciſément ſon attachement à ſon Prince, & ſon exactitude à ſuivre tous ſes Commandemens.

VI. DEVISE
DV MARQVIS
DE CHARMASEL.

Vne Couronne de Palme.

NON JVVAT EX FACILI.

Ce qui est facile ne me plaist pas.

Ce Chevalier déclare qu'il aime les Couronnes, non pas celles qui ne sont composées que de fleurs faciles à trouver: mais bien de celles qu'on ne sçauroit cueillir qu'avec difficulté & avec peril, comme la Palme & les Lauriers.

VII. DEVISE
DV
MARQVIS DE GAMACHE.

Vn Palmier panché vers un autre.

SOLI SVCCVMBIT AMORI.

Il ne succombe qu'à l'amour.

Le Palmier n'est jamais accablé sous le poids d'aucun fardeau, il s'éleve plus on le charge; que si quelquefois il abbaisse sa cime & ses branches, ce n'est que pour s'approcher davantage de l'arbre, dont il est amoureux, enquoy il est vray symbole d'un grand courage, qui ne peut estre fléchy que par la douceur, & vaincu que par l'amour.

VIII. DEVISE
DV CHEVALIER
DE BETHVNES.

Vn Miroir ardent.

DE SV LVZ MI FVEGO.

De sa lumiere vient mon feu.

La gloire du Roy est une lumiere éclatante, qui allume dans le cœur de ce Chevalier une ardeur incroyable pour son service, & qui ressemble en cela aux rayons du Soleil qui produisent du feu, étans receus & refléchis par le miroir ardent.

IX. DEVISE
DV
MARQVIS DE PEGVILIN.

Vn Girasol qui regarde vn Soleil.

NE DESPICE AMANTEM.

Ne méprisez point qui vous aime.

Le Girasol par le soin qu'il a de suivre le Soleil, semble le conjurer sans cesse de ne point détourner ses regards de dessus luy; & en cela il est le symbole d'un Chevalier fidele à sa Maîtresse, dont il souhaite sur toute chose d'étre regardé sans cesse & favorablement.

X. DEVISE
DV
MARQVIS DE COASLIN.

Vn Iavelot.

JN VAN NON MAI.

Iamais en vain.

Le Iavelot que l'Aurore donna à Cephale ne manquoit jamais sa proye, & c'est sans doute à celuy-là que cette Devise fait allusion: en sorte que ce Chevalier prétend n'étre pas moins seur de son coup, que Cephale l'étoit autrefois.

XI. DEVISE
DV
DVC DE LVXEMBOVRG.

Vne Massuë.

MAGNA MAIOR FAMA.

Plus grande que la renommée.

Ce Chevalier prétend que la renommée n'égalera jamais ses actions, de méme qu'elle n'a jamais égalé celles d'Hercule; Plusieurs desquelles sont demeurées ensevelies dans l'oubly.

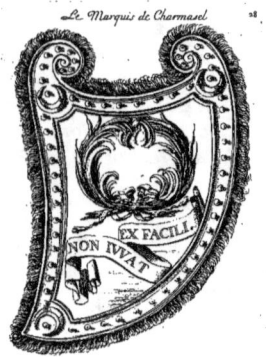

Le Marquis de Charmasel 28

NON IVAT — EX FACILI.

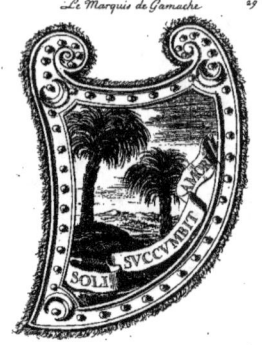

Le Marquis de Gamache 29

SOLI — SVCCVMBIT AMO

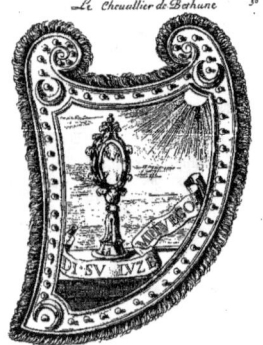

Le Chevallier de Bethune 30

QI SV IVZE — NVL ERO

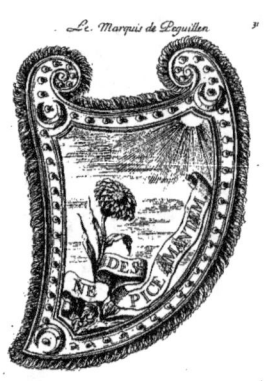

Le Marquis de Piquillen 31

NE — PICE MATM — DES

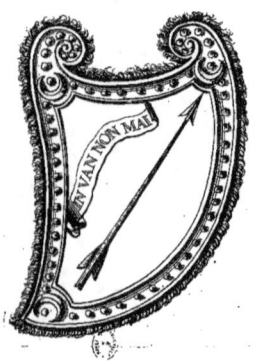

Le Marquis de Coslin 32

IN VAN NON MAI

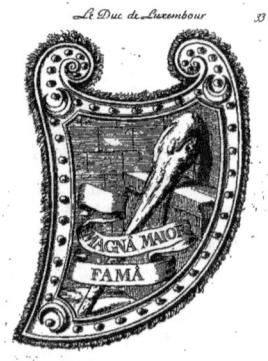

Le Duc de Luxembour 33

MAGNÀ MAIOR — FAMÀ

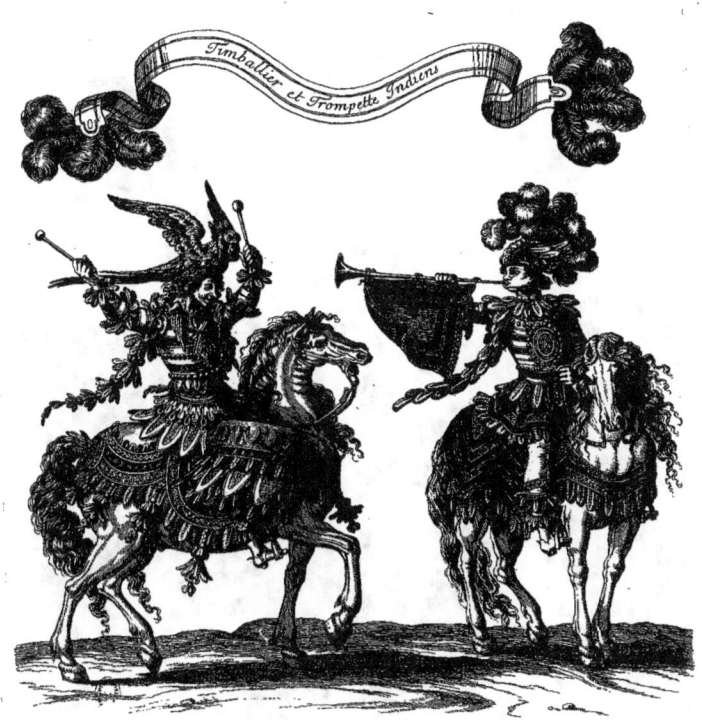

Quatriesme Quadrille.   F C *deli. et sculp.*

TIMBALIER ET TROMPETTE INDIENS.

L A Coiffure du Timbalier étoit un grand Perroquet, accompagné de deux petits fur
ſes épaules avec leurs plumes de couleur naturelle.

Le fonds de l'habit étoit couleur de chair brune chamaré de jaune & de noir : le jaune
étoit brodé d'argent , & le noir étoit brodé d'or.

Les ornemens étoient de couleurs differentes.

Il avoit une eſpece de plaſtron d'or orné de perles.

Le caparaçon & banderolle étoit des bandes de ſatin jaune & de ſatin noir brodé d'or &
d'argent avec des lambrequins de plumes de toutes couleurs.

Tt

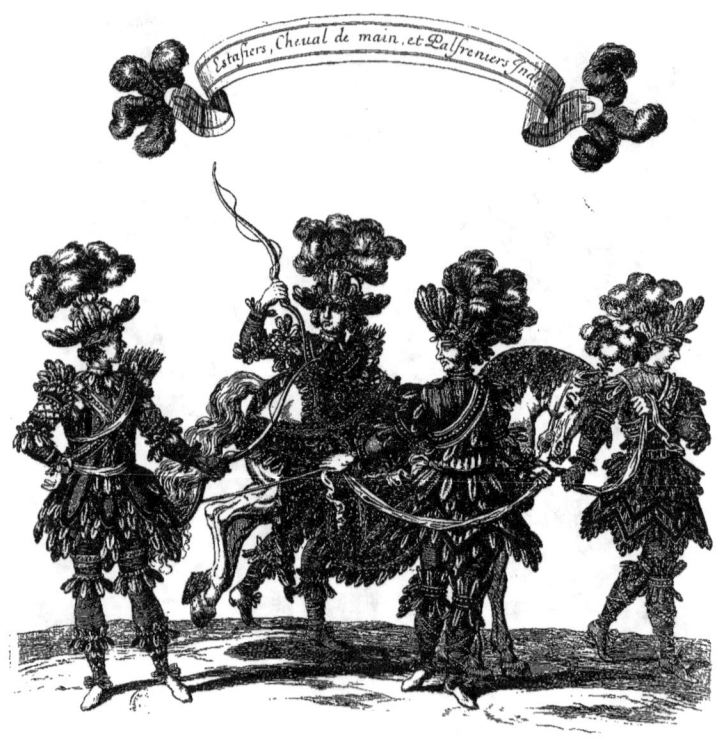

ESTAFIERS, CHEVAL DE MAIN, ET PALFRENIERS INDIENS.

L E bonnet tant des Eſtafiers que des Palfreniers étoit d'or orné de plumes de toutes
couleurs avec un bouquet de couleur de la Quadrille.

Le juppon étoit de couleur de chair brune bandé de noir, brodé d'or, croiſé d'vne double écharpe de ſatin noir brodé d'or & couvert de perles.

La ceinture étoit de gaſe d'argent, & des plumes de toutes couleurs marquoient les extremitez.

Le caparaçon du cheval étoit de ſatin noir tout brodé d'or, bandé de ſatin jaune brodé
d'argent, & bordé de perles : toutes les extremitez des lambrequins étoient ornez de plumes
de toutes couleurs.

Vu

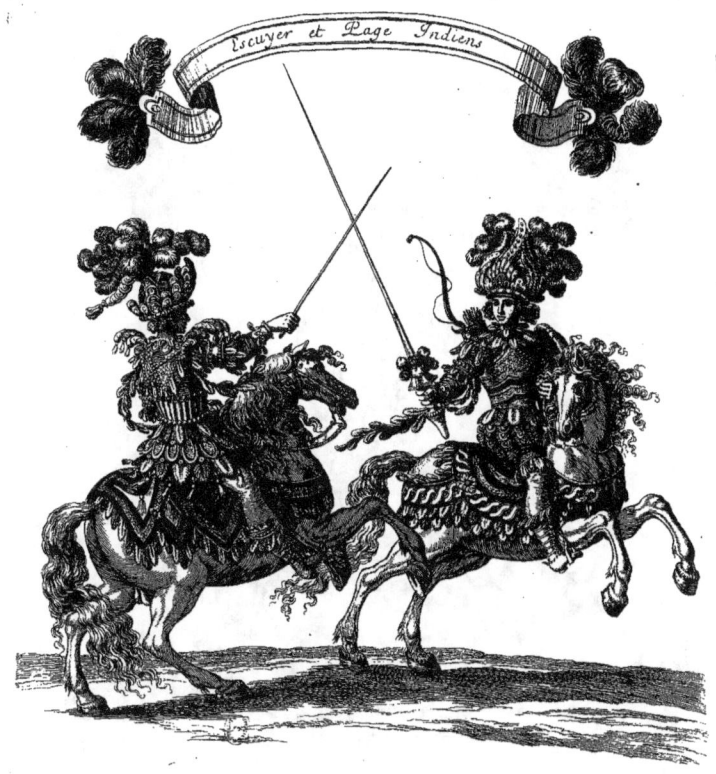

Escuyer et Page Indiens

ESCVYER ET PAGE INDIENS.

L E Bonnet tant de l'Ecuyer que du Page étoit or & argent, garny de plumes à plusieurs rangs de toutes couleurs , & chargé d'un Bouquet de couleur de la Quadrille.

Le corps de l'habit étoit de couleur de chair brune , orné d'or , de perles , & de plumes de toutes couleurs.

Le caparaçon étoit de satin jaune, bandé de satin noir, brodé d'or & d'argent, & enrichy aux extremitez de plumes de toutes les couleurs.

Xx

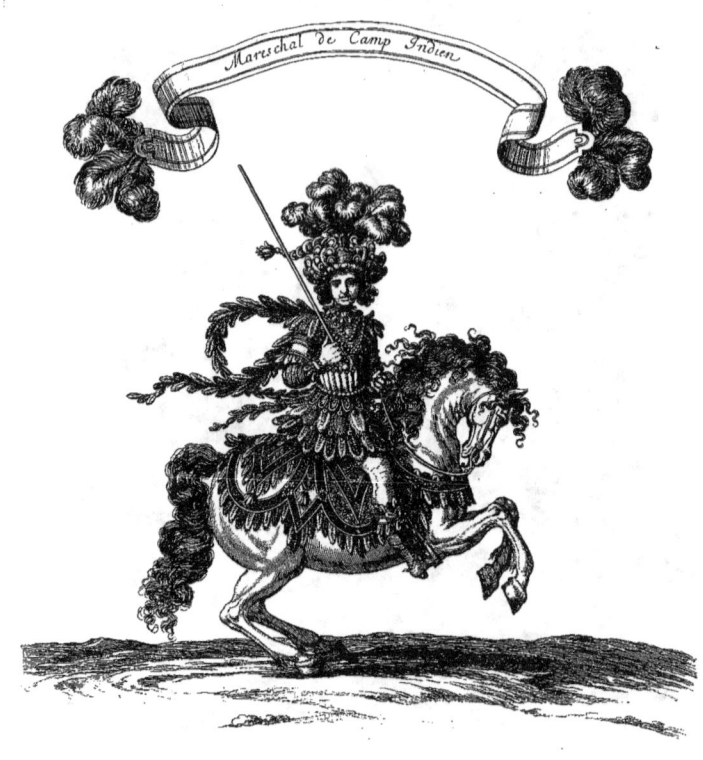

MARESCHAL DE CAMP INDIEN.

L'Habit du Mareſchal de Camp étoit pareil à celuy de l'Ecuyer , à la difference qu'il
étoit plus riche & plus chargé de Broderie de pierreries , de perles , & de corail.

Yy

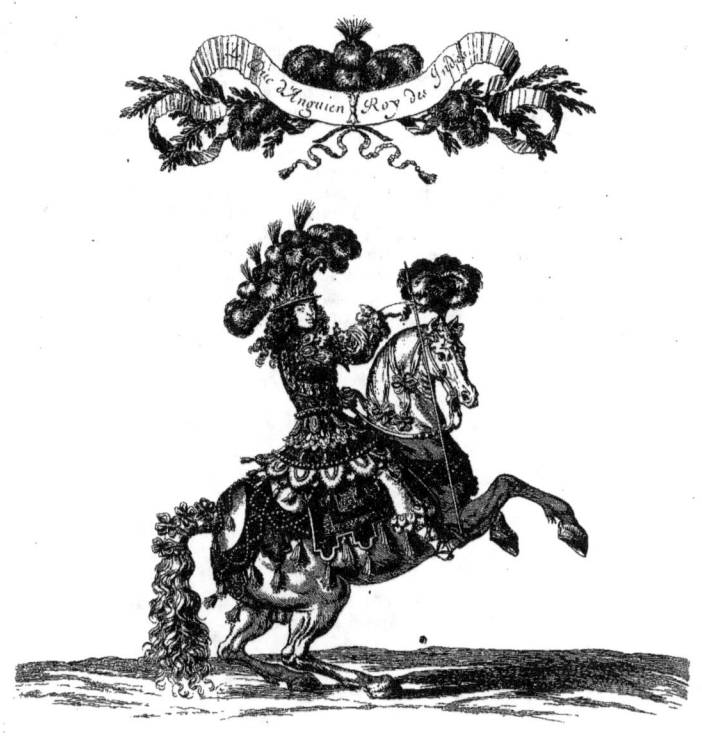

LE DVC D'ANGVIEN, ROY DES INDES.

L E corps étoit de brocart or & noir rebrodé d'argent, & femé de Diamans. Le Tonnelet étoit de même parure auffi bien que les demy-manches, l'entourneure des épaules
& du bas des manches, le bas du Bufcq, & le bas du Tonnelet chargez chacun d'un rang
de groffes perles.

Il avoit penduë au col une écharpe d'or en broderie , qui s'ouvroit au devant vers les
deux coftez , par deffous les bras fe rejoignoit entre les deux épaules , & remontoit jufqu'au
derriere du col chargée de Diamans, au bas de chacun defquels pendoit une groffe perle en
poire.

Vne plume feinte de broderie d'argent, & une autre qui étoit naturelle , & de couleur
de chair mélécs enfemble , faifoient fa cravatte.

Pour lambrequins fur les épaules , au bout des manches , au haut & au bas du Tonnelet,
& au haut des botines étoient deux rangs de ces deux fortes de plumes ; les feintes au def-

Zz

fus des naturelles, excepté le haut du Tonnelet, qui en avoit un rang de naturelles entre deux rangs de feintes, & qui de même que le bas du Tonnelet avoit des campanes de cartisanne or & argent au bout des lambrequins.

La Coiffure étoit un bonnet à l'Indienne, exprimé par des plumes feintes de broderie d'or & d'argent qui soûtenoient les naturelles, jaunes, blanches & noires, qui étoient les couleurs de la Quadrille, desquelles sortoient quatre Herons.

Les botines étoient de brocart d'or chamarées de bandes d'or, & couvertes de perles.

La housse étoit de brocart d'or brodé d'argent avec des bandes de brocart d'or & noir, rebrodé d'or, & des campanes, d'où pendoient d'autres campanes de cartisanne d'or & d'argent.

Le poitral & le caparaçon de la croupe étoient de brocart noir, & or, & de plusieurs autres pieces de brocart d'or brodé d'argent adaptées sur l'or & sur le noir, de plusieurs rangs de grosses perles qui tournoient à l'entour des morceaux de broderie d'argent, il pendoit de grosses perles en poires dans les interualles de ces pieces.

Les refnes, la testiere, & les estrivieres étoient de brocart d'or couvert de broderie d'argent, le mors, l'étrier, & l'éperon d'or, & les bossettes étoient de roses de Diamans.

Sur le front du cheval s'élevoit un chanfrein de plumes jaunes, blanches & noires sur une campane de brocart d'or, ayant un gros Diamant au milieu, tous les crins étoient noüez de roses de ruban de méme couleur.

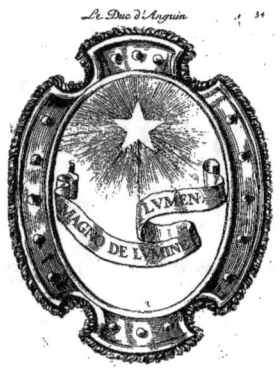

Le Duc d'Anguin

34

LVMEN
MAGIS DE LVMINE

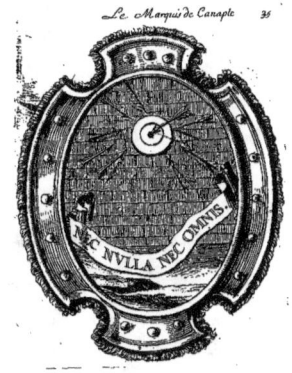

Le Marquis de Canaple

35

NEC NVLLA NEC OMNIS

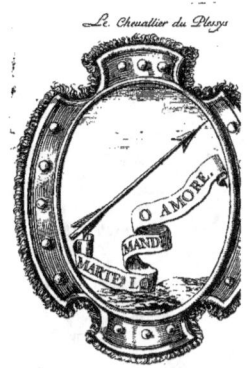

Le Chevallier du Plessis

O AMORE
MANDI
MARTE LO

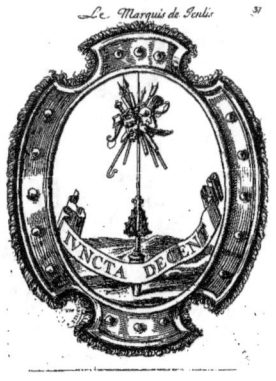

Le Marquis de Ienlis

31

IVNCTA DECENT

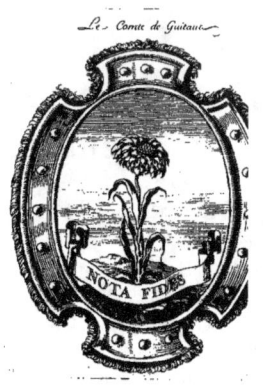

Le Comte de Guitaut

NOTA FIDES

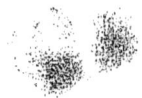

DEVISES
DE LA QVATRIEME QVADRILLE

I. DEVISE
DV DVC D'ANGVIEN.

Vne grande Etoille.

MAGNO DE LVMINE LVMEN.

Lumiere qui vient d'une plus grande.

Le Soleil étant l'unique fource de toutes les Lumieres, les plus grandes Etoilles ont cét avantage d'en recevoir une plus abondante effufion que les autres, & c'eft par cette comparaifon que le Prince qui prend
pour fa Devife l'Etoille du poinct du jour, la plus brillante de toutes, fe glorifie de recevoir du Roy, plus
de grace, & plus de faveur, que tous les autres Aftres qui l'environnent.

II. DEVISE
DV MARQVIS
DE CANAPLES.

Vn But entouré de plufieurs fléches, &
une dedans.

NEC NVLLA, NEC OMNIS.

Ny pas vne, ny toutes.

Cette Devife peut fignifier que comme
toutes les beautez n'ont pas touché le cœur
de ce Chevalier, il ne peut pas dire auffi
qu'aucune ne l'ait frappé: Ou bien elle peut
donner à entendre, que fi toutes fes preten-
fions n'ont reüffi, au moins quelques-unes
ont eû une iffuë favorable.

III. DEVISE
DV
COMTE DV PLESSIS.

Vne Fléche.

MARTE LO MANDI, O AMORE.

Que Mars l'envoye, ou bien l'Amour.

La Fléche étant une arme qui fert également à Mars ou à l'Amour, elle reprefente un Chevalier également Vaillant &
Amoureux, & qui eft preft d'affronter tous
les hazards, où l'une & l'autre de ces Divi-
nitez l'appelleront.

IV. DEVISE
DV
MARQVIS DE GENLIS.

Vn Trophée fur vne lance compofé d'armes, de mafques, de flambeaux, & autres inftrumens de galanteries.

IVNCTA DECENT.

Ils fient bien enfemble.

Comme le mélange de ces divers inftrumens dont l'ufage eft fi different, compofe
un trophée agreable à la vetïe. Il en eft de
même d'un Chevalier, qui fçait joindre
aux exercices penibles de la guerre, les jeux
agreables de la Paix.

V. DEVISE
DV
COMTE DE GVITAVT.

Vn Girafol.

NOTA FIDES.

Ma fidelité eft connuë.

Soit que le Soleil reprefente la beauté
dont ce Chevalier eft Amoureux, foit qu'il
fignifie fon Prince, il déclare par cette Devife, que fa fidelité pour fon Maître ou
pour fa Maîtreffe, n'eft pas moins conftan-
te, ny moins éprouvée que celle du Girafol, pour le bel Aftre qu'il fuit toûjours.

VI. DEVISE
DV MARQVIS
DE MONPESAT.

Vn Trophée d'Armes du Carrousel.

NON FICTI PRÆMIA MARTIS.

Non pas le prix d'un combat feint.

Le Chevalier qui porte cette Devise, veut donner à entendre que quelque glorieux qu'il soit, de remporter le prix dans des combats de Barriere ; tels que ceux du Carrousel, son ame neantmoins ne peut être pleinement satisfaite, qu'en remportant le prix d'un combat veritable.

VII. DEVISE
DV
DVC DE NEVER

Vn Phenix exposé au Soleil.

VNVS CVNCTA MIHI.

Luy seul m'est toutes choses.

Le Soleil est le Pere, la nourriture la joye du Phenix, & ce Chevalier qu prend pour sa Devise, veut témoigner ce symbole, non seulement qu'il tient t de sa Majesté : mais aussi qu'elle luy ti lieu de toutes choses.

VIII. DEVISE
DV COMTE DE ROYE.

Vn Phenix sur un bucher.

CAVSA PLACET.

La cause m'en est agreable.

Quelque affreuse que soit la mort, le sujet en est quelquefois si beau, qu'elle peut être souhaitable : Et comme le Phenix s'y resout sans peine, parce que le Soleil en est la cause, ce Chevalier proteste qu'il la perdroit avec joye, si elle étoit employée pour le service de son Maître.

IX. DEVISE
DV
MARQVIS D'HVMIERI

Plusieurs differentes Couronnes.

NON QVIERO MENOS.

J'en veux autant.

Vne seule de ces Couronnes pour satisfaire l'ambition d'un courage me cre : mais une ame heroïque aspire à tes, & ce Chevalier témoigne qu'il n' a pas une qu'il ne veüille obtenir.

X. DEVISE
DV DVC DE SVLLY.

Vn Miroir ardent.

ARDEO VBI ASPICIOR.

Ie brûle quand on me regarde.

Comme l'ardeur du miroir augmente à proportion de la lumiere qu'il reçoit du Soleil, ainsi ce Chevalier assure que son courage & son amour redoublent, selon qu'il est regardé de son Prince, ou de sa Maîtresse.

XI. DEVISE
DV
MARQVIS D'OVAILL

Vn Rozier & un Soleil.

RESPICE, FLOREBO.

Regardez, & je fleuriray.

Comme le Rozier dont les boutons prests d'éclore, semble dire au Soleil le regarde, & qu'aussi tost il fleurira : ce Chevalier qui conçoit de grands seins pour le service de son Prince, ne mande que d'en être consideré, pour re de grandes actions qui le couvriron gloire.

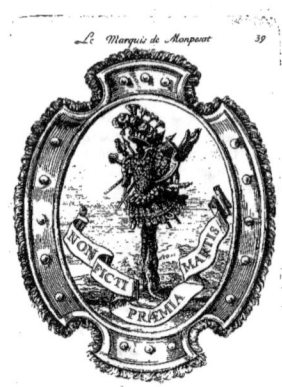

NON FICTI PRÆMIA MARTIS

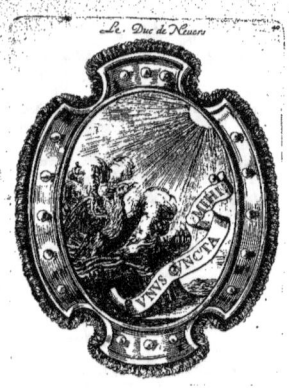

VIVS CINCTA

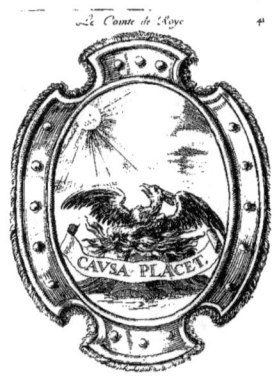

CAVSA PLACET

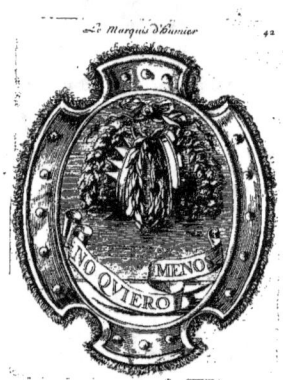

NO QVIERO MENO

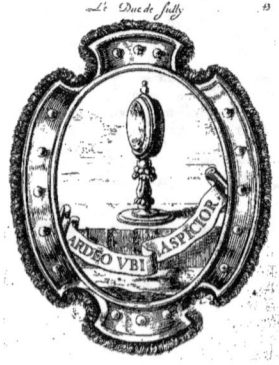

ARDEO VBI ASPICIOR

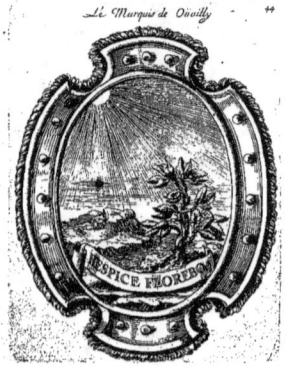

RESPICE FLOREBO

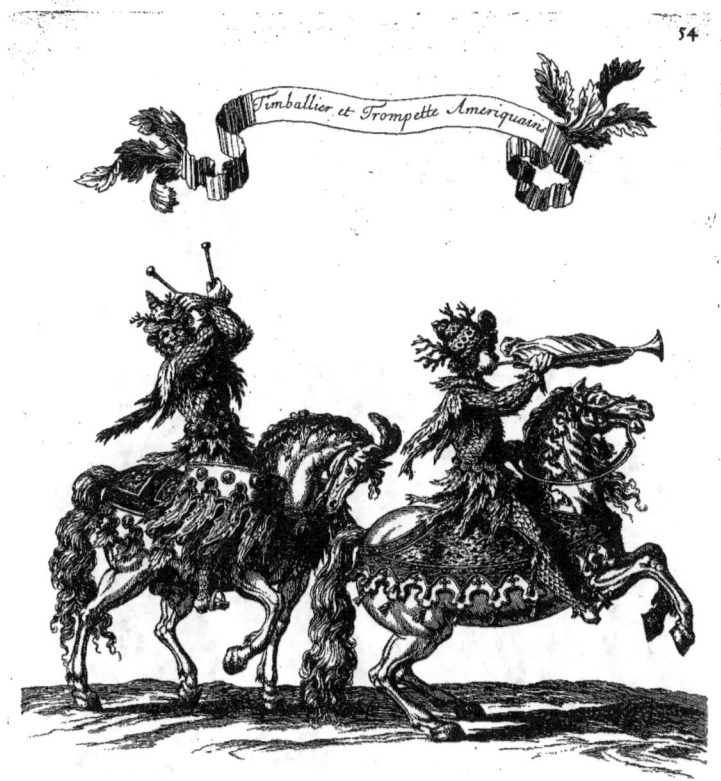

Timballier et Trompette Ameriquain

Cinquiesme Quadrille.

F.C. deli. et Sculp.

TIMBALIER ET TROMPETTE AMERIQVAINS.

LE Bonnet de l'un & de l'autre étoit fait de plusieurs coquilles de corail.
Tout le corps étoit de satin vert brodé en écailles d'argent, les manches & les extremitez du corps étoient de nageoires de poissons.

Les caparaçons des chevaux étoient de peaux de Tigres, avec des bandes de velours vers, cloüées & rebordées en campanes de bandes d'or.

Ddd

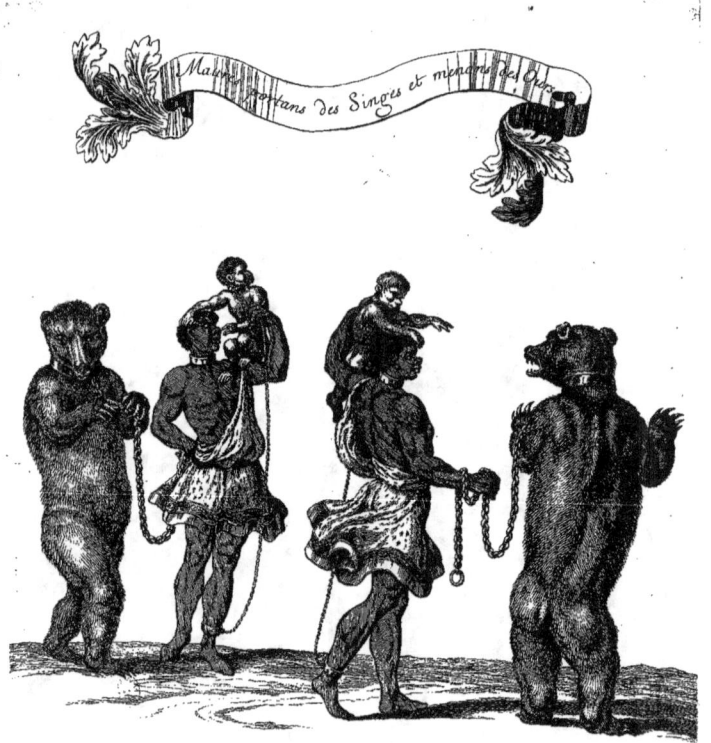

MORES PORTANS DES SINGES, ET MENANS DES OVRS.

CEs Mores avoient chacun un colier d'argent & un veſtement d'hermine , qui ne tenoit que ſur une épaule , & étant ceint par le milieu du corps , les couvroit juſques aux
genoux ; le veſtement étoit bordé par le bas d'vne bande de broderie.

Eee

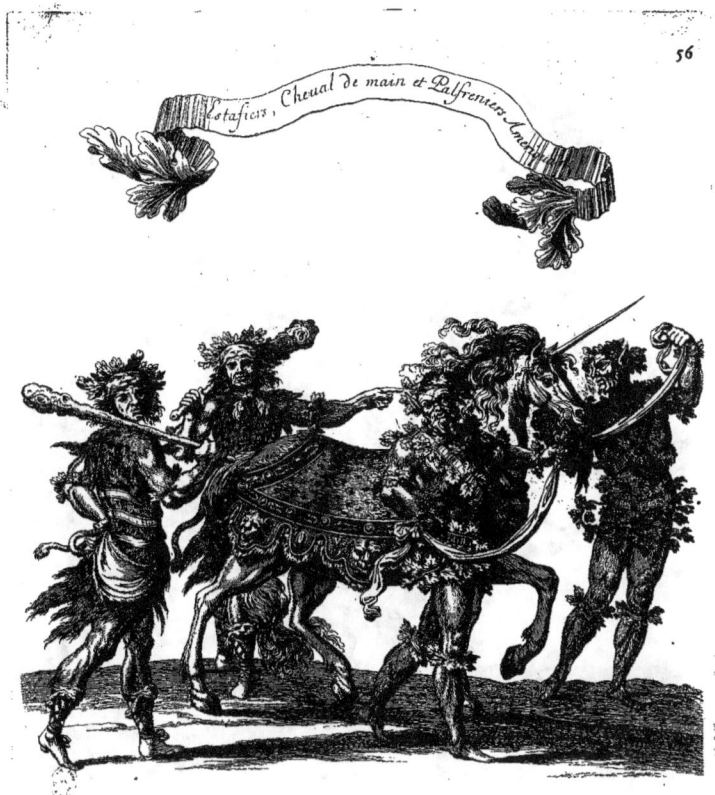

Estafiers, Cheual de main et Palfreniers Americ...

ESTAFIERS, CHEVAL DE MAIN ET PALFRENIERS AMERIQVAINS.

LEs Estafiers representoient des Sauvages; leur vestement étoit une peau de Tigre, dont la teste leur servoit de bonnet, & les deux pieds de devant entouroient le col, & étoient noüez en forme de cravate: cette peau qui étoit doublée de satin couleur de chair, étoit retroussée par les deux costez, & s'atachoit par dérriere à la queüe du Tigre.

Ils avoient sur la teste une espece de Couronne de feüilles de vigne, & autour des bras des bracelets aussi de feüilles de vigne.

Ils étoient ceints avec des bandes d'or, & portoient chacun une massüe sur leurs épaules.

Les Palfreniers representoient des Satyres couronnez, & environnez par tout le corps de branches & de feüilles de vigne, avec des doubles écharpes croisées, & des ceintures faites de larges bandes d'or.

Le caparaçon du cheval étoit une peau de Tigre, bordée d'une large bande de velours vert en broderie d'or & d'argent, avec une autre bordure taillée en façon de campanes brodées & chargées de mufles de Lyon en broderie d'or, & enrichies de pierreries, les campanes rebordées de fourures.

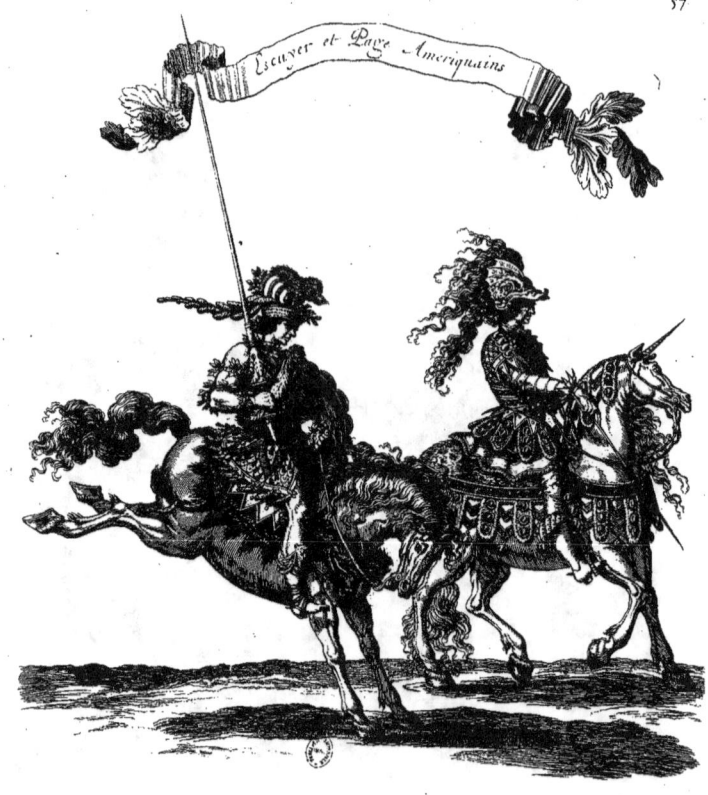

Escuyer et Page Ameriquains

ESCVYER ET PAGE AMERIQVAINS.

L E casque de l'Ecuyer étoit d'or en forme de teste de Dragon, d'où pendoit une longue
criniere par derriere. L'habit étoit fait de lames d'or où étoient enchassez des yeux de
Dragon, & les lambrequins qui tomboient sur le Saye étoient de fourures chargez de lames
d'or, où étoient aussi des yeux de Dragon.

Le Saye étoit de satin couleur de chair, avec une bande de velours vert en broderie d'or,
& une frange aussi d'or.

Le caparaçon du cheval étoit une peau de Tigre, bandé de velours vert en broderie,
avec des lambrequins de fourures chargez d'yeux de Dragon.

La coeffure du Page étoit un bonnet de fourure, chargé d'une peau de Singe : il avoit
le corps couvert d'une peau de Tigre, & le Saye fait de diverses écailles.

Le caparaçon du cheval étoit une peau de Poisson de Mer, avec des lames d'or clouées
dessus.

Ggg

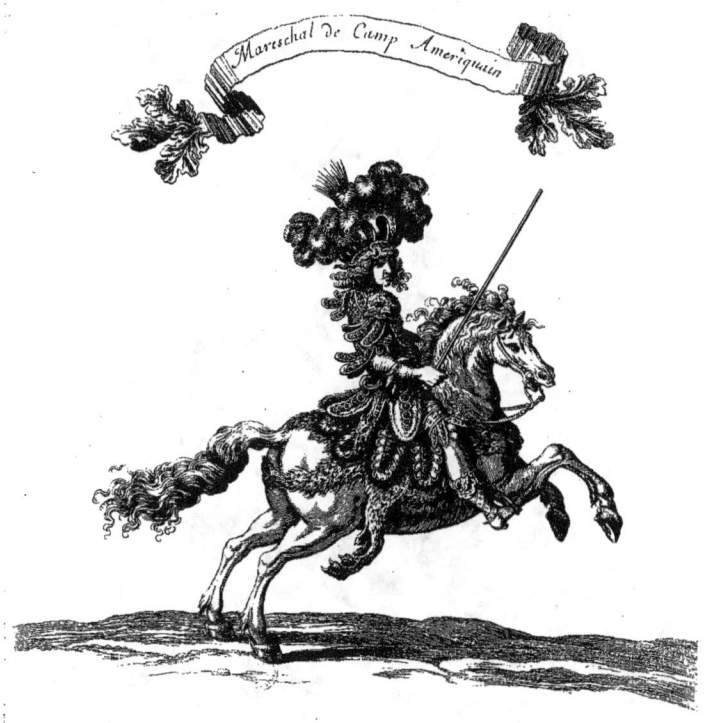

MARESCHAL DE CAMP AMERIQVAIN.

SON bonnet étoit d'or en forme de Turban, chargé de perles, d'une plume de Heron, & de plumes des couleurs de la Quadrille.

Son habit étoit de lames d'or ; sur les épaules étoient des testes de Tigres, d'où pendoient aussi bien que du bas des manches & du Tonnelet des lambrequins de fourures chargez d'yeux de Dragon, & de pierreries.

Le caparaçon étoit une peau de Panthere, recouuerte de feüillages d'or chargez de pierreries, & rebordées de fourures.

Hhh

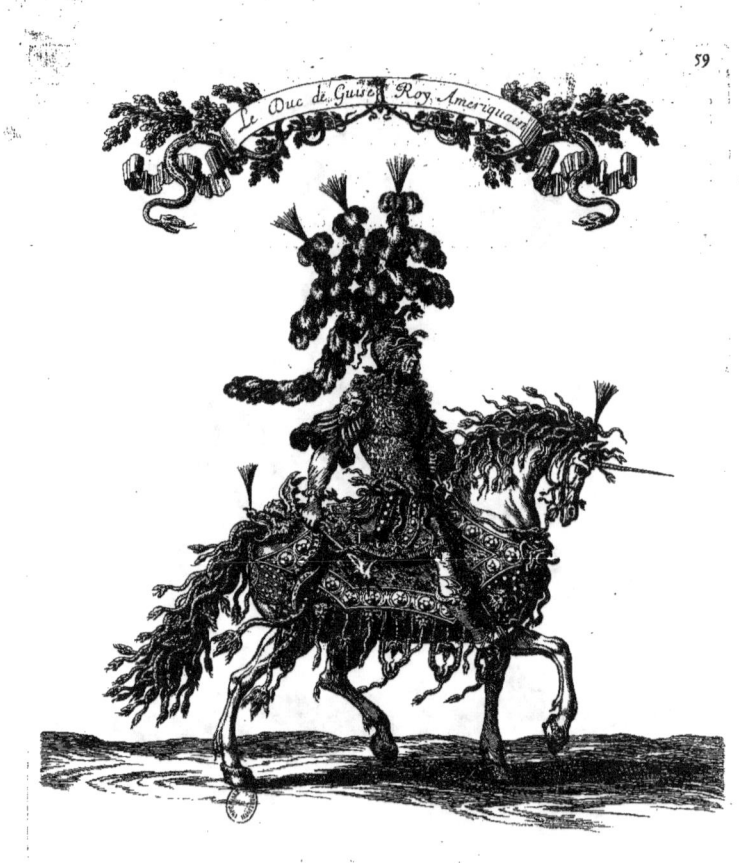

LE DVC DE GVYSE, ROY AMERIQVAIN.

L A cuiraffe étoit de peau de Dragons, dont les deux teftes fe rencontrant fur les épaules, vomiffoient les manches, dont celle de deffus étoit de brocart vert, rebrodé de
même que l'habit, & celle de deffous de toille d'argent qui defcendoit jufque fur le poignet,
étoit liée d'un bracelet de groffes Emeraudes, & les queües de Dragons faifoient des lambrequins; le tout chargé d'une broderie de perles & de rubis, ainfi que les brodequins.

Sur la coeffure qui étoit un morion d'or, rampoit vn Dragon de même métal, qui foû-
tenoit deux cercles de brillans d'or, chargez de plumes vertes & blanches, furmontées de
trois bouquets de plumes en Aigrette, d'où fortoient trois maffes de Heron, qui donnoient
quatre pieds de hauteur à cét habillement de tefte, duquel une queüe de plumes encor defcendoit fur le dos du Chevalier.

Son Cimeterre étoit d'or garny de pierreries, le fourreau à la Chinoife enrichy de même, il portoit une maffe d'armes à aîles dorées, & découpées à jour, dont le bâton étoit
entouré d'un Serpent au naturel.   I i i

Il montoit un grand Courſier Bay, caparaçonné d'une peau de Tigre, avec la bordure en broderie d'or & d'argent, il y avoit une teſte de Dragon d'or au poitral, des Serpens d'or & de ſoye ſur les épaules & ſur les flancs au lieu de campanes, & un gros muſle de Dragon vomiſſoit ſur la croupe quantité de couleuvres, qui en formoient la queüe, comme les corps de Dragon double entrelaſſez de part & d'autre à coſté de la même croupe faiſoient les pendans de la croupiere, & pluſieurs couleuvres faiſoient auſſi les crins du col.

Le Courſier avoit au front une corne dorée, au deſſus de laquelle s'élevoit une Aigrette de brillans d'or & d'argent, d'où ſortoit une maſſe de Heron.

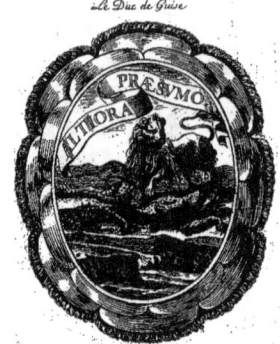

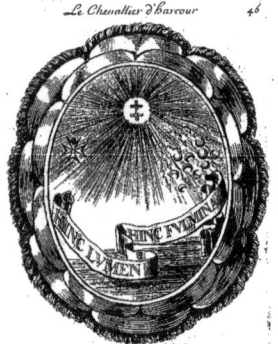

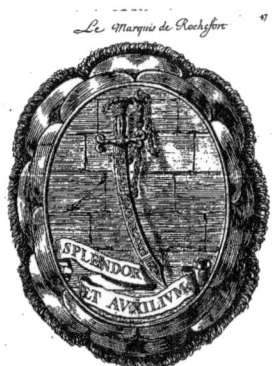

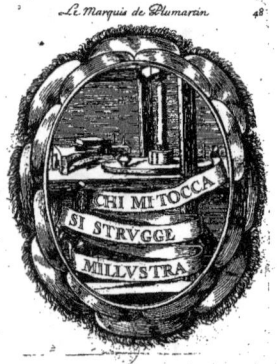

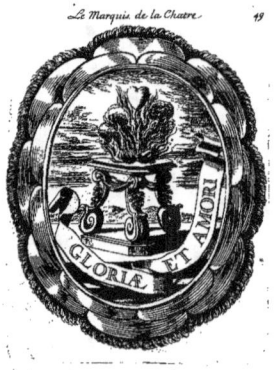

DEVISES
DE LA CINQVIEME QVADRILLE·
I. DEVISE
DV DVC DE GVYSE·

Vn Lion qui terraſſe un Tigre.

ALTIORA PRÆSVMO.

J'aſpire à de plus grandes choſes.

Ce Prince a voulu témoigner par ſa Deviſe, que les Courſes de Bague, les Iouſtes, & les Carrouſels, peuvent bien être l'objet de ſes divertiſſemens, mais non pas de ſes occupations : & qu'il aſpire à la gloire des plus hautes avantures, & des travaux les plus illuſtres repreſentez par un Lyon courageux, qui abat & terraſſe un ennemy digne de luy.

II. DEVISE
DV CHEVALIER
D'HARCOVRT.

Vne Croix de Lorraine dans un Soleil, qui jette des rayons ſur une Croix de Chevalier, & des foudres ſur des Croiſſans.

HINC LVMEN, HINC FVLMINA.

D'une part la lumiere, & les foudres de l'autre.

Le Soleil étant la ſource de la Lumiere, & la cauſe principale des Foudres ; ce Chevalier veut donner à entendre que le Roy repreſenté par ce Soleil, eſt celuy de qui ſa Maiſon & luy tirent toute leur gloire, & de qui partent les foudres qui doivent abatre l'orgueil des Ottomans.

III. DEVISE
DV MARQVIS
DE ROCHEFORT.

Vn Cimeterre enrichy de pierreries.

SPLENDOR, ET AVXILIVM.

Ornement & défenſe.

Comme cette Epée eſt recommandable par l'éclat & le prix des pierreries qui l'embeliſſent, & au même temps par le ſecours que l'on en peut tirer ; ce Chevalier prétend de même ; que ſa valeur doit tout enſemble luy acquerir la gloire, & ſervir à la défenſe de ſon Prince, & de ſon Païs.

IV. DEVISE
DV MARQVIS
DE PLVMARTIN.

Vn Diamant brute que l'on polit.

CHI MI TOCCA SI STRVGGE,
E M'ILLVSTRA.

Qui me touche ſe perd, & me rend plus brillant.

Il ſe fait un eſpece de combat entre le Diamant & l'Aimant qu'on employe pour le polir, où tout le dommage eſt du coſté de l'Aimant qui ſe conſume, & l'avantage du coſté du Diamant, qui en reçoit un nouvel éclat; Ce Chevalier prétend qu'il en arrivera de même dans tous les combats qu'il entreprendra ; où ſes ennemis ſe trouveront toûjours mal de l'avoir attaqué, & luy au contraire, en ſortira à ſon avantage, & plus brillant de gloire qu'auparavant.

V. DEVISE
DV MARQVIS
DE LA CHASTRE.

Vn Cœur ſur un feu de bois de Myrthe & d'Encens.

GLORIÆ ET AMORI.

A la Gloire & à l'Amour.

Ce Chevalier veut donner à entendre que ſon cœur eſt ſenſible à la gloire & à l'amour repreſentez par l'Encens, & le Myrthe, qui en ſont les ſymbôles.

VI. DEVISE
DV
MARQVIS DE RAGNY.

Vn Oranger chargé de feüilles & de fruits.

POSITA FERITATE NITESCIT.

Il devient plus beau cessant d'être sauvage.

Vn Oranger que l'on a enté sur un Sauvageon non seulement apporte de plus beaux fruits, & de plus belles fleurs : mais pousse aussi de plus beaux feüillages qu'auparavant. Ce Chevalier assure qu'il en est de même, qu'il tempere les exercices farouches de la guerre, par les jeux & les divertissemens de la Paix.

VII. DEVISE
DV
MARQVIS DE MIREPOIX.

Vn Laurier & un Cyprez.

VINCERE AVT MORI.

Vaincre ou mourir.

Ces deux Arbres dont la signification est assez connüe, ont été choisis par ce Chevalier, pour faire entendre qu'il ne trouve point de party à prendre entre celuy de la Victoire, & celuy de la Mort.

VIII. DEVISE
DV
MARQVIS DE VERVINS.

Vn Autel avec un Encensoir dessus.

ET COLIT, ET PASCIT.

Il honore & nourrit.

L'Encens étoit consideré non seulement comme une marque du culte que l'on rendoit aux Dieux, mais en quelque façon comme une nourriture dont ils se repaissoient, & c'est pour cette raison que ce Chevalier l'employe dans sa Devise, pour témoigner qu'il ne croit vivre que pour honorer son Prince, & qu'en qualité de premier Maître d'Hôtel du Roy, il se donne tout entier aux soins de la table de S. M.

IX. DEVISE
DV
MARQVIS DE BEVVRON.

Vne Giroüete agitée du vent.

NO MVDO SI NON MVDAN.

Ie ne change point s'ils ne changent.

Quelque soit l'inconstance de la giroüete, elle ne change point toutesfois de situation, à moins que le vent qu'elle est forcée d'imiter, n'en ait auparavant changé ; Le Chevalier proteste qu'aussi ne changera-il jamais, à moins que sa Maîtresse ne change la premiere.

X. DEVISÉ
DV
MARQVIS DE TVRY.

Vne Aigle qui vole vers le Soleil.

GOZEN LA VISTA, QVEMEN LAS PLVMAS.

Que ma veuë soit contente, & que mes plumes se brûlent.

Le plaisir que l'Aigle trouve à regarder le Soleil, le charme tellement qu'il ne s'apperçoit pas que le feu se prend à ses plumes, ce qui represente l'ardeur d'un cœur passioné qui veut bien être embrasé des beaux yeux qu'il aime, pourveu qu'il ait le plaisir de les voir.

XI. DEVISE
DV DVC DE BRISSAC.

Vn petit Palmier parmy plusieurs autres grands.

ÆQVABO SI FAVEAS.

Ie les égaleray si tu me favorise.

Si les regards du Soleil font l'accroissement des Arbres, ceux du Prince ne contribüent pas moins à élever le courage & la fortune de ceux qui le servent, & c'est par cette consideration que ce Chevalier promet d'égaler dans peu les grandes actions de tous ces Ancestres, s'il est regardé favorablement de sa Majesté.

Le Marquis de Pagny.

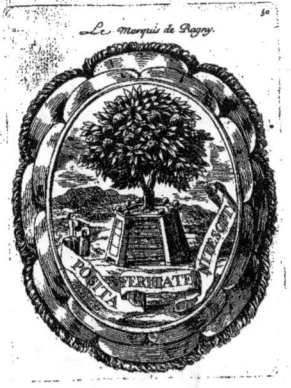

FORTA FIRMITATE

Le Marquis de Mirpoix.

VINCERE AVT MORI

Le Marquis de Veruins

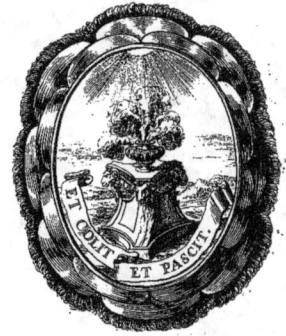

ET COLIT ET PASCIT.

Le Marquis de Beuuron

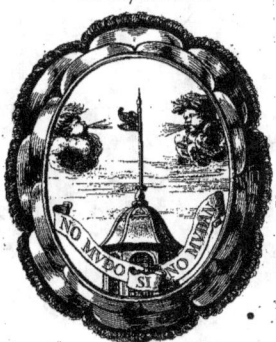

NO MVEBO SI NO MUEBO

Le Marquis de Fury

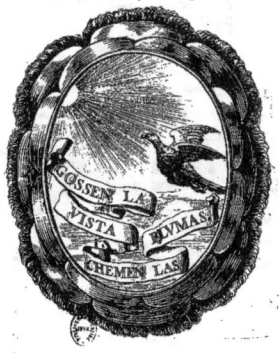

COSSEN LA
VISTA PLUMAS
CHEMEN LAS

Le Duc de Brissac

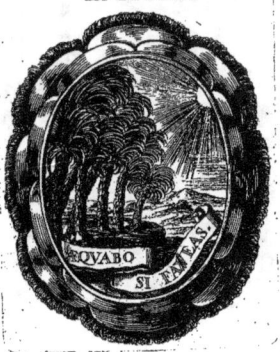

ÆQVABO SI FAUEAS

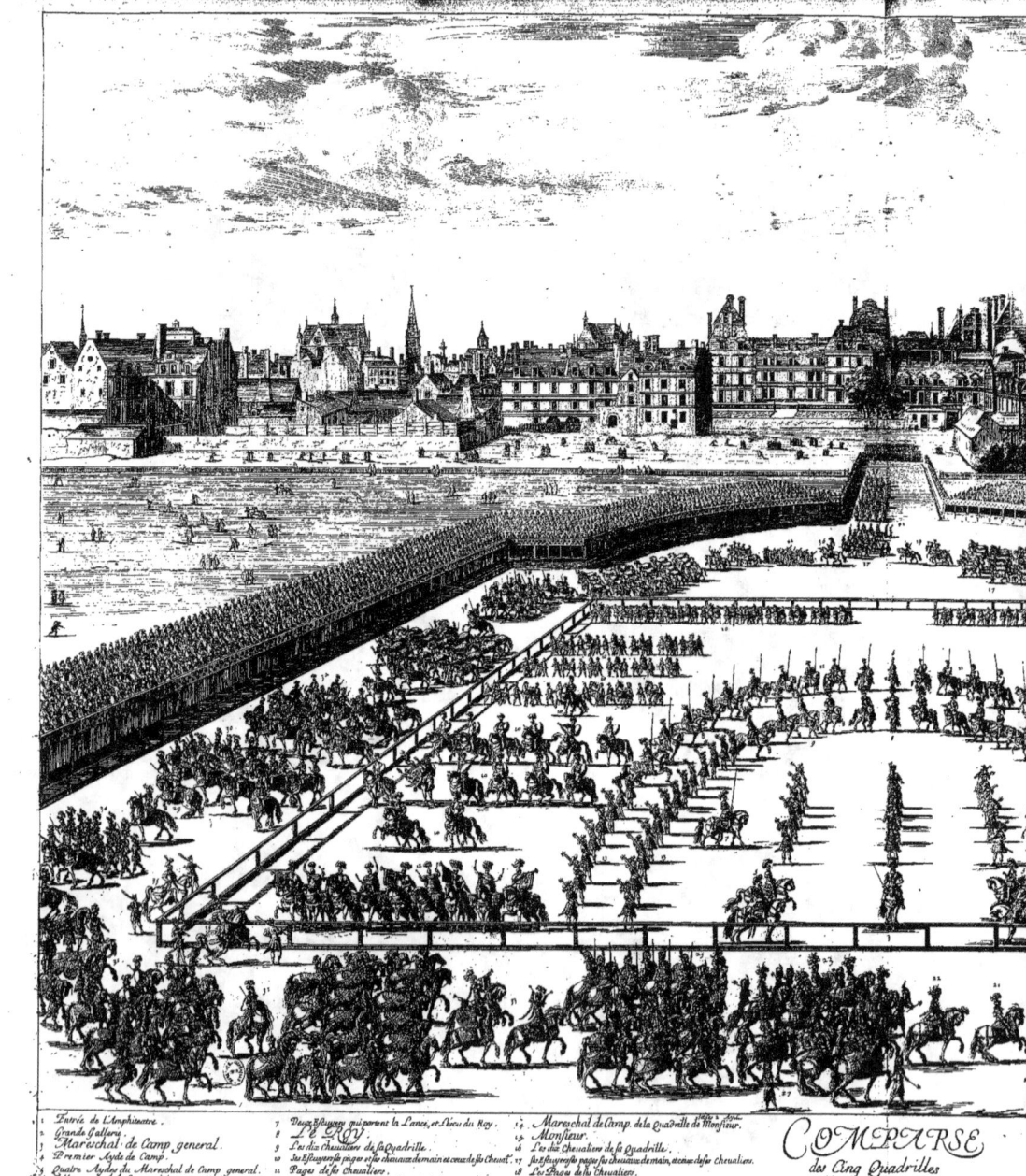

1. Entrée de L'Amphiteatre.
2. Grande Gallerie.
3. Mareschal de Camp general.
4. Premier Ayde de Camp.
5. Quatre Aydes du Mareschal de Camp general.
6. Mareschal de Camp de la Quadrille du Roy.

7. Deux Escuyers qui portent la Lance, et l'Escu du Roy.
8. LE ROY.
9. Les dix Chevaliers de sa Quadrille.
10. Ses Escuyers pages et les chevaux de main et ceux de ses Chevaliers.
11. Pages de ses Chevaliers.
12. Ses Trompettes, et Timbaliers.
13. Ses Massiers, et ceux de ses Chevaliers.

14. Mareschal de Camp. de la Quadrille de Monsieur.
15. Monsieur.
16. Les dix Chevaliers de sa Quadrille.
17. Ses Escuyers pages pages ses chevaux de main, et ceux de ses chevaliers.
18. Les Pages de ses Chevaliers.
19. Ses Timbaliers, et Trompettes.
20. Ses Massiers, et ceux de ses Chevaliers.

COMPARSE
des Cinq Quadrilles
dans l'Amphiteatre.

Desseigne et gravé par Israel Silvestre.   Avec privilege du Roy.

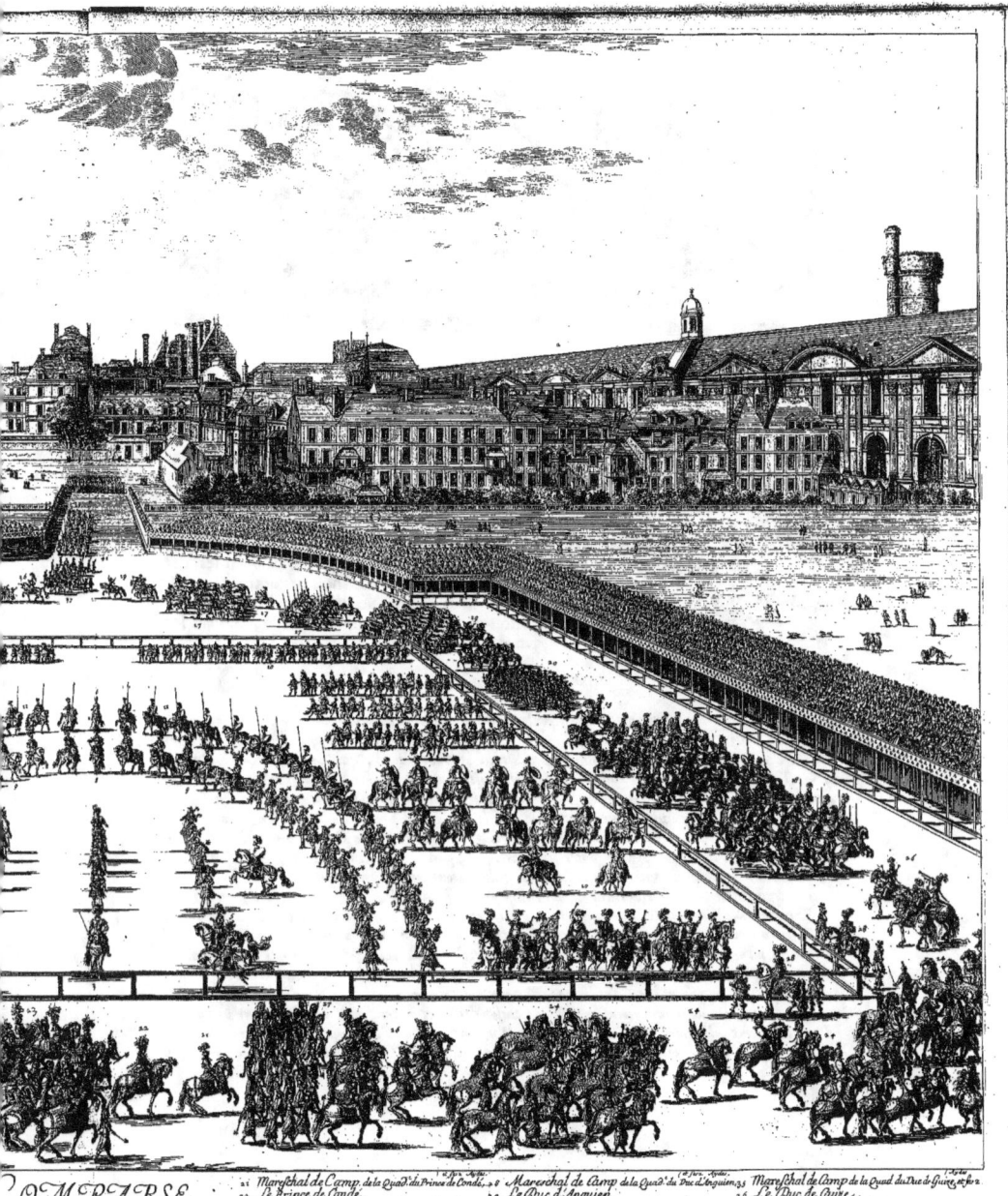

COMPARSE
des Cinq Quadrilles
dans l'Amphiteatre

21 Mareschal de Camp de la Quad. du Prince de Condé.   28 Mareschal de Camp de la Quad. du Duc d'Anguien.   35 Mareschal de Camp de la Quad. du Duc de Guise, et.42
22 Le Prince de Condé.   29 Le Duc d'Anguien.   36 Le Duc de Guise.
23 Les dix Chevaliers de sa Quadrille.   30 Les dix Chevaliers de sa Quadrille.   37 Les dix chevaliers de sa Quadrille.
24 Sees Escuyers, ses pages, ses chevaux de main, et ceux de ses Cheual.   31 Sees Escuyers, pages, ses chevaux de main, et ceux de ses Cheual.   38 Sees Escuyers, pages, ses chevaux de main, et ceux de ses Cheualiers
25 Les Pages de ses Cheualiers.   32 Les Pages de ses Cheualiers.   39 Les Pages de ses Cheualiers.
26 Ses Timbaliers, et Trompettes.   33 Ses Timbaliers, et Trompettes.   40 Ses Timbaliers, et Trompettes.
27 Ses Estafiers, et ceux de ses Chevaliers.   34 Ses Estafiers, et ceux de ses Chevaliers.   41 Ses Estafiers, et ceux de ses Chevaliers.

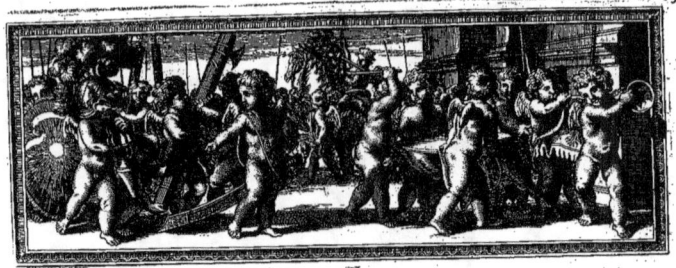

COMPARSE
DES CINQ QVADRILLES
DANS L'AMPHITHEATRE.

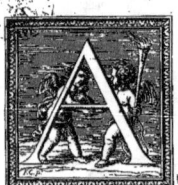

Vssi-tost que les Quadrilles eûrent paru dans l'Amphitheatre, ainsi qu'il a été dit cy-devant, qu'elles se furent rangées
chacune en leur poste par les soins du sieur de Vigarani, & que
celle du Roy se fut placée en face du Camp vis à vis de l'Echafaut des Reynes; le Mareschal de Camp general fit poser les Testes, fermer les Barrieres, & poster les Chefs des autres Quadrilles aux quatre coins : Mais avant que de donner le signal pour
la Course, il fit ietter par tout des imprimez qui contenoient les
Loix du Camp en la maniere qui suit.

LOIX DV CAMP.

CHAQVE *Quadrille courra quarante-quatre Courses, & celle qui emportera le plus grand nombre de Testes, aura l'avantage sur les autres : Mais affin de ne pas faire tort à l'adresse des Chevaliers des autres Quadrilles, en cas qu'il y en ait un, ou plusieurs, qui ayent plus ou égal nombre de Testes que ceux de la Quadrille victorieuse, ils pourront repasser dans ladite Quadrille, &
auront le choix, ou de faire courre les Chevaliers sur leurs mêmes Courses, ou de s'éprouver une seconde
fois contr'eux, & celuy qui demeurera superieur par le plus grand nombre de Testes, gagnera le Prix.*

*Le Chevalier qui en courant laissera tomber le Casque, l'Epée, ou le Dard, perdra l'étrieux, ou
duquel le cheval tombera, perdra toutes ses Courses : Et parce qu'on court la Bague & les Testes, &
qu'on ne les galoppe pas, toutes Courses faites de galop seront contées pour rien.*

La demy-volte prise, le trot étant de mauvaise grace, fera perdre la Course au Chevalier.

*Et comme il est impossible, que courant des quatre costez, les Iuges du Camp puissent aisément voir
les Testes qu'on emporte, il faut que chacun d'eux choisisse une Barriere pour en prendre le soin, & qu'il
y établisse un Gentilhomme, auquel sera donnée la liste des Quadrilles, & les noms des Chevaliers
qui les composent, qui tiendra, & écrira le conte exact des Testes qui auront été emportées.*

*Il est aussi à propos que ce Gentilhomme ne parte point de la Barriere, & qu'il y en ait un autre
auprés de luy, lequel il envoyera lors que les Courses des Chevaliers seront fournie, pour porter aux
Iuges du Camp, les noms des Chevaliers, & le nombre des Testes qu'ils auront emportées, selon les-
quelles l'équité des Iuges du Camp donnera le Prix à celuy, qui par son adresse, l'aura le mieux me-
rité.*

A Nᵉ Duc de Gramont.

Nnn

En même temps il fut encore répandu de tous coftez d'autres imprimez , qui contenoient les noms des Chefs & des Auenturiers des Quadrilles , avec l'ordre dans lequel ils devoient faire leurs Courfes.

ORDRE DES QVADRILLES.

LE ROY.	MONSIEVR.	M' LE PRINCE.	M' LE DVC.	M' le D. de Guife.
Vivonne.	Villeroy.	Sery.	Canaple.	Cher d'Harcourt.
S. Aygnan.	Comte du Pleffys.	Soyecourt.	Cher du Pleffys.	Rochefort.
Navailles.	Bellefons.	Sault.	Ianlis.	Plumartin.
Armagnac.	Rohan.	Boüillon.	Guittau.	La Chaftre.
Du Lude.	Liflebonne.	Charmafel.	Monpefat.	Ragny.
Louvigny.	Marfillac.	Gamache.	Nevers.	Mirepoix.
La Feüillade.	Foix.	Bethune.	Roye.	Vervin.
LE ROY. Pour Villequier. Clere.		Peguilin.	M: le Duc Pour d'Humiere. Beuvron.	
Armagnac. Pour Richelieu. Vaillac.		Coaflin.	Süilly.	Turry.
S. Aygnan. Pour Duras. Ifliers.		Sery. Pour Luxembourg.	Oüailly.	Briffac.

A N. Duc de Gramont.

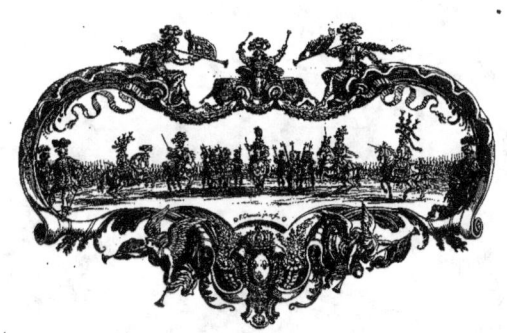

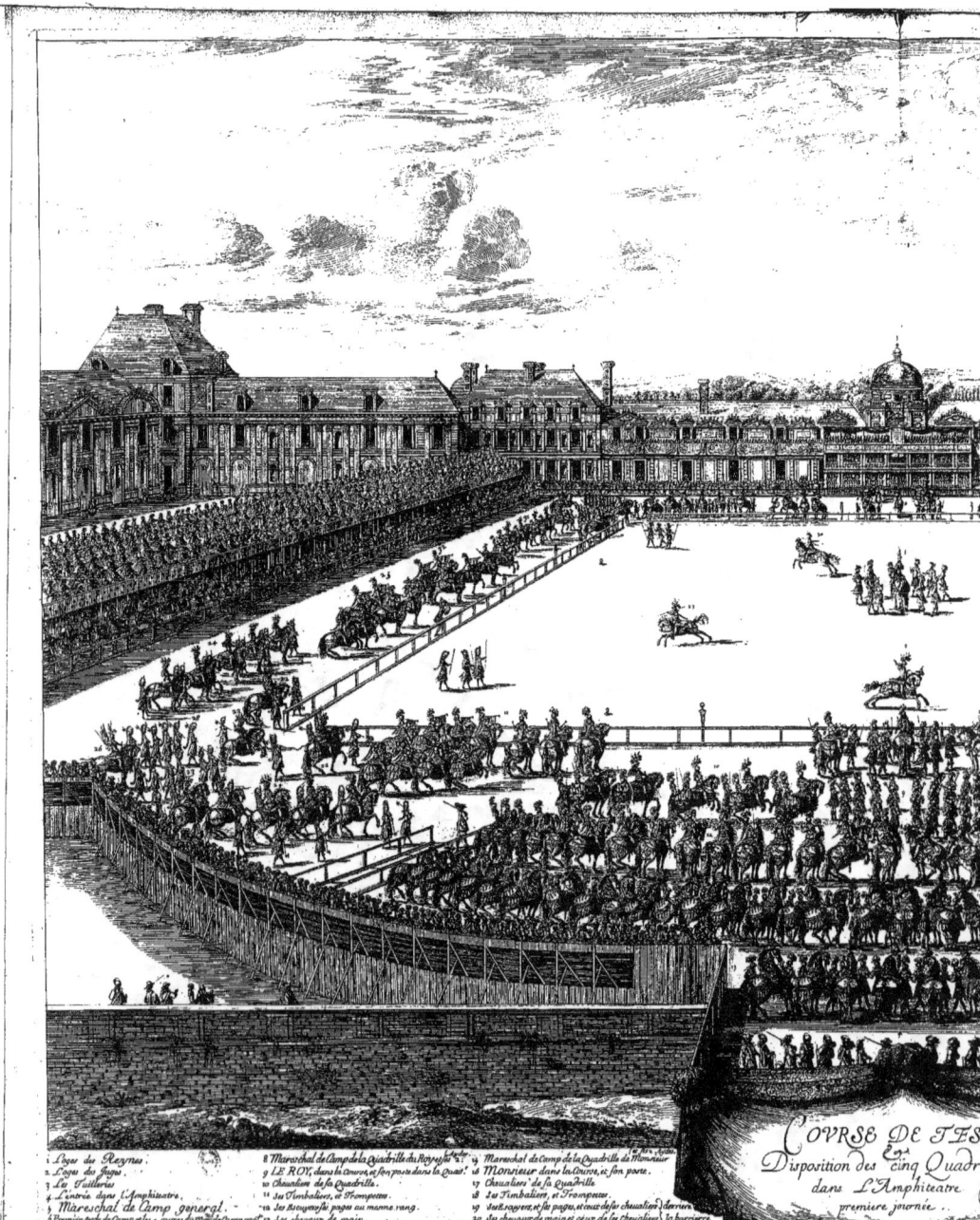

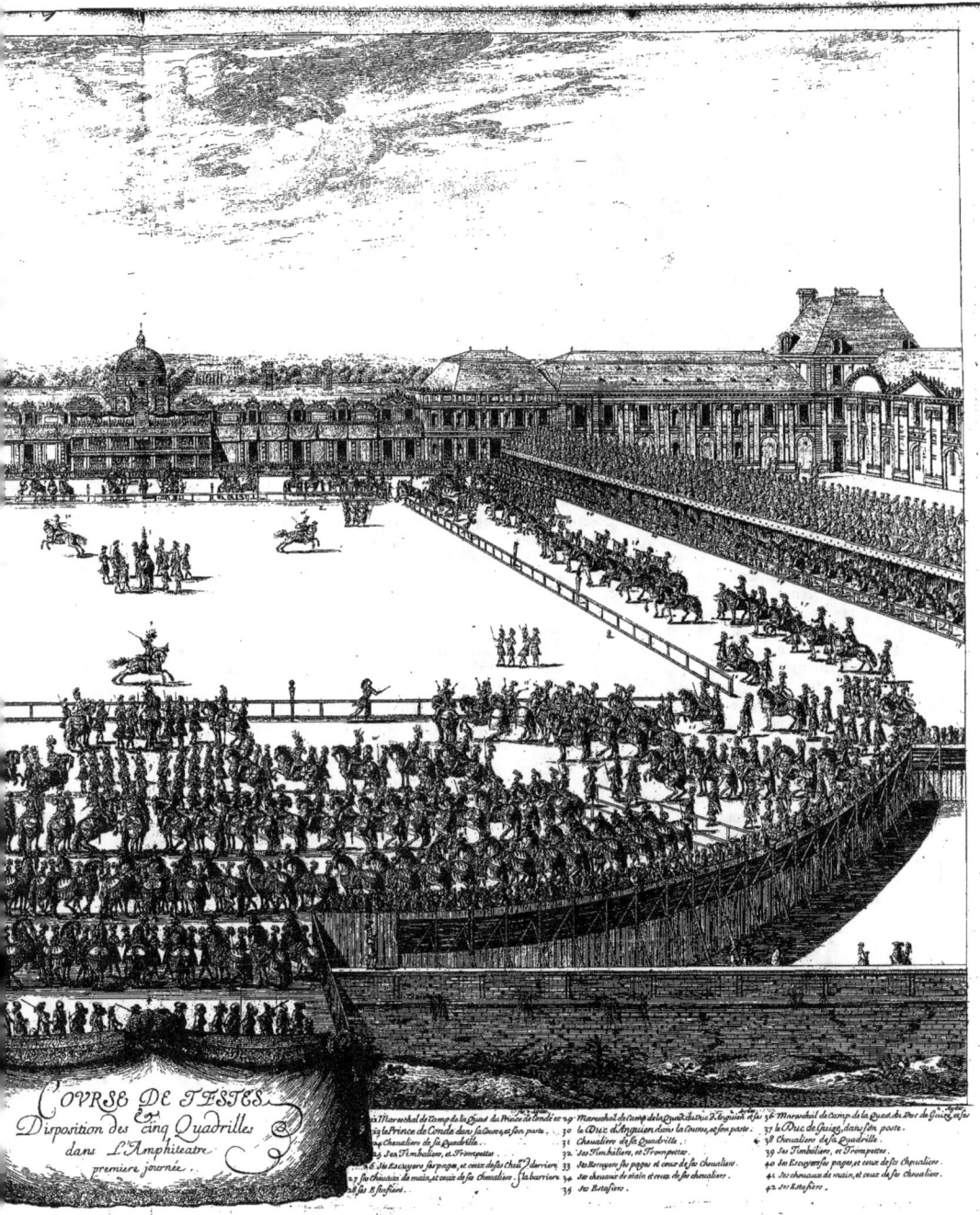

COVRSE DE TESTES,
Disposition des cinq Quadrilles
dans L'Amphiteatre
premiere journée.

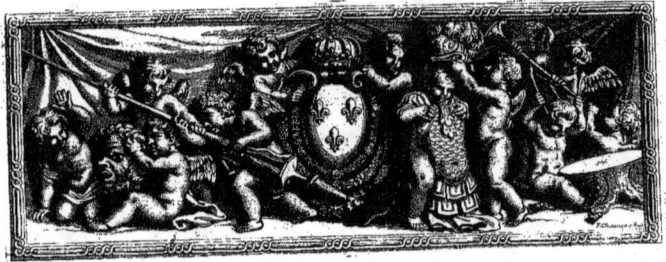

COVRSES DE TESTES.

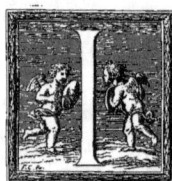

L eſt à remarquer, qu'au lieu que la Courſe de Teſtes ne ſe fait ordinairement que par un ſeul homme à la fois; elle ſe fit icy par quatre, & fut de cette ſorte plus conſiderable, non ſeulement par le nombre des Chevaliers, mais auſſi par les difficultez plus grandes que cette augmentation y aportoit. Premierement, il falloit que ces quatre Avanturiers fiſſent leurs voltes avec tant de concert, qu'ils arrivaſſent enſemble au milieu du Camp, & puſſent en conſervant leur rang, reprendre auſſi en même temps leur carriere vers la Meduſe; Et de plus, il étoit neceſſaire à cauſe de la vaſte étendüe du Camp, d'avoir des chevaux de bonne haleine & bien dreſſez, en ſorte que dans un ſi grand nombre de voltes & de demy-voltes auſquelles ils étoient obligez, ils ne priſſent trop d'ardeur, & au lieu de ſe ſoûtenir toûjours également, ne ſe miſſent au trot ou en deſordre.

Chacun de ces Chevaliers couroit la Lance à la main le long de la Barriere, & emportoit une Teſte de Turc poſée ſur un buſte de bois doré ſur la Barriere même, de la hauteur de ſix pieds: puis quitant la Lance avec une demy-volte à la droite, prenoit un Dard ſous la cuiſſe, & revenoit darder la Teſte de More ſur un autre buſte, diſtant de cinq pieds de la même Barriere, & de la hauteur de quatre pieds. Enſuite, il s'écartoit par une demy-volte à la droite, & revenoit avec un autre Dard, vers le milieu du grand Carré où les Chevaliers ſe rencontroient & faiſoient enſemble une volte & demie auſſi à droite à l'entour du Mareſchal de Camp general; après quoy ils partoient d'un même temps, & chacun d'eux changeant de côté, s'en alloit vers la Barriere oppoſée à celle où il avoit dardé le More, prenoit la demy-volte à droite, & revenoit le long de la Barriere, darder la Teſte de Meduſe preſentée dans un Bouclier par un Perſée, qui tenoit dans l'autre main une épée comme pour ſe défendre. Enfin, par une autre demy-volte à la droite, en s'écartant de la Barriere, il la rejoignoit auſſi-toſt, & courant l'épée à la main, il emportoit une Teſte poſée ſur un buſte de bois, à un pied de terre.

Il faut encore obſerver, que les quatre Chevaliers qui couroient n'étoient pas d'une même Quadrille, mais des quatre premieres dont les quatre Chefs faiſoient enſemble la premiere Courſe. Enſuite, quatre Chevaliers tirez des quatre Quadrilles, & ainſi des autres juſqu'aux quatre derniers, après quoy la Quadrille du Duc de Guiſe fit ſes Courſes, & parce que d'onze Chevaliers dont elle étoit compoſée en comptant le Chef; il ne reſtoit que trois Chevaliers pour la derniere Courſe, le Duc de Guiſe reprit la place qui reſtoit à la troiſiéme Courſe, & commença ſa ſeconde Courſe, & ainſi rempliſſant ſucceſſivement les uns les autres la derniere place, il ſe trouva que courant chacun quatre fois, il fournirent les quarante-quatre Courſes.

Ooo.

Tous les Chevaliers fignalerent fi bien leur adreffe, & firent de fi bonne grace tous les exercices, qu'ils meriterent également la reputation de beaux & de bons hommes de cheval, chacun d'eux s'efforçant avec d'autant plus d'émulation qu'ils étoient animez par l'exemple de leur Prince, qui ne dédaignoit pas d'être leur concurrent en cette occafion. Sa Majefté remporta toutes les feize Teftes avec une grace qui charmoit tout le monde: mais la fortune ayant voulu que le Dard s'en féparât quelquefois en tombant, elle favorifa davantage l'adreffe du Marquis de Belléfons Chevalier de la Quadrille de Monfieur, qui les emporta toutes fans le moindre defaut, & receut des mains de la Reyne aux fanfares des Trompettes & des Timbales, qui avoient à diverfes reprifes fait retentir l'air durant ce divertiffement, une Boëte garnie de tres beaux Diamans, mais moins precieufe encore par fa richeffe, que parce qu'elle renfermoit le Portrait du plus grand & du plus accomply Monarque de la Terre.

La Courfe de Teftes finit de cette forte avec le jour, & l'Affemblée fe retira avec toute la fatisfaction poffible, & en méme temps avec toute l'impatience imaginable de voir dans le méme lieu la Courfe de Bague, qui s'y devoit faire le lendemain.

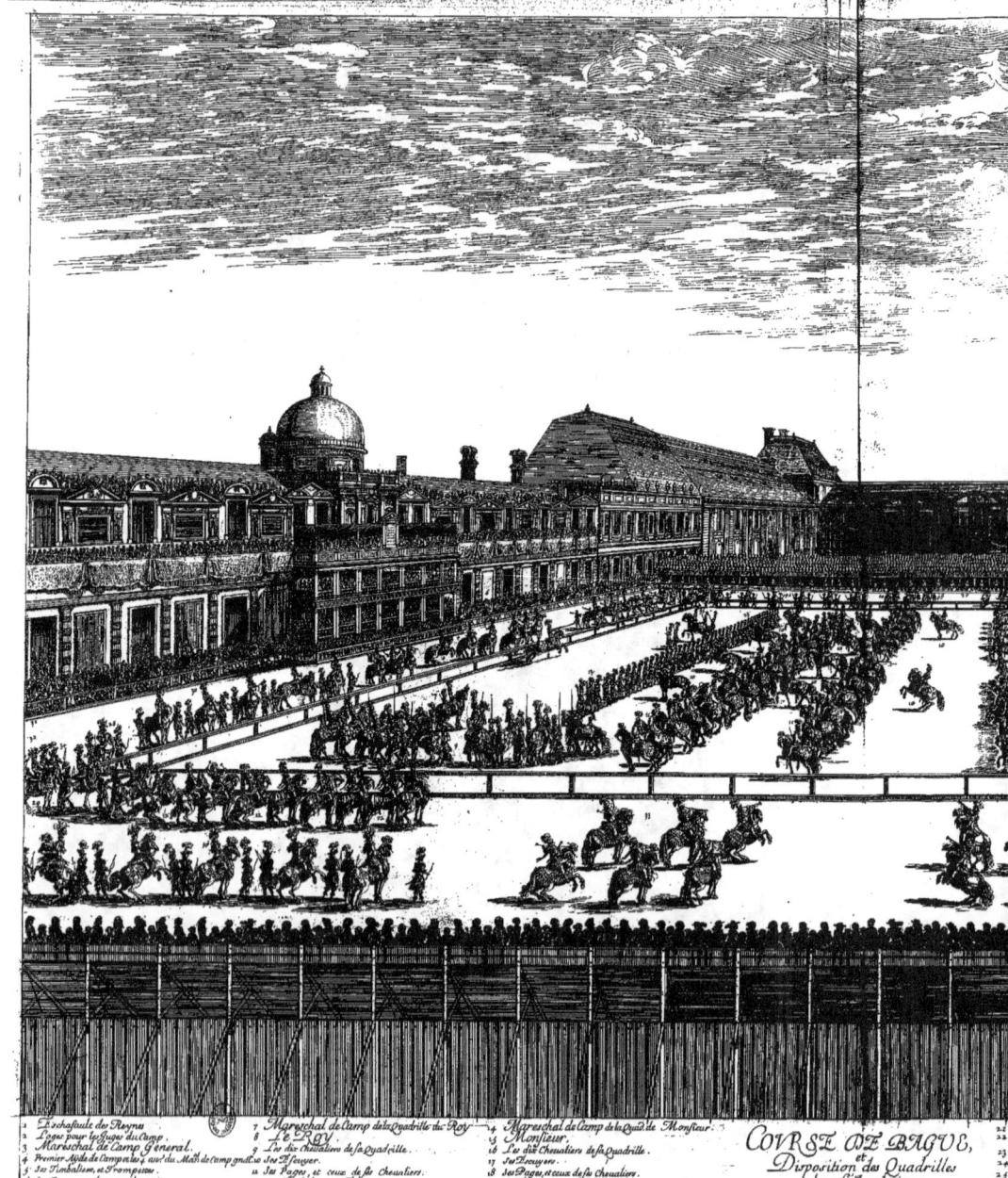

1. L'eschaffaulde des Reynes
2. Loges pour les Juges du Camp
3. Mareschal de Camp Général.
4. Premier Ayde de Camp et les 5 aut.s du Mest.al de Camp gnl.l
5. Ses Timbaliers, et Trompettes
6. Ses Pages, et chevaux de main.

7. Mareschal de Camp de la Quadrille du Roy
8. LE ROY.
9. Les dix Chevaliers de sa Quad.rille.
10. Son Escuyer.
11. Ses Pages, et ceux de ses Chevaliers.
12. Ses Timbaliers, et Trompettes.
13. Ses Estafiers ses chevaux de main, et ceux de ses Chevaliers.

14. Mareschal de Camp de la Quad.lle Monsieur.
15. Monsieur.
16. Les dix Chevaliers de sa Quadrille.
17. Son Escuyer.
18. Ses Pages, et ceux de ses Chevaliers.
19. Ses Timbaliers, et Trompettes.
20. Ses Estafiers ses chevaux de main, et ceux de ses Chevaliers.

21.
22.
23.
24.
25.
26.
27.

COVRSE DE BAGVE,
et
Disposition des Quadrilles
dans l'Amphiteatre,
Seconde Journée.

Designé et gravé par Isrl. Siluestre   avec priuil.ge du Roy

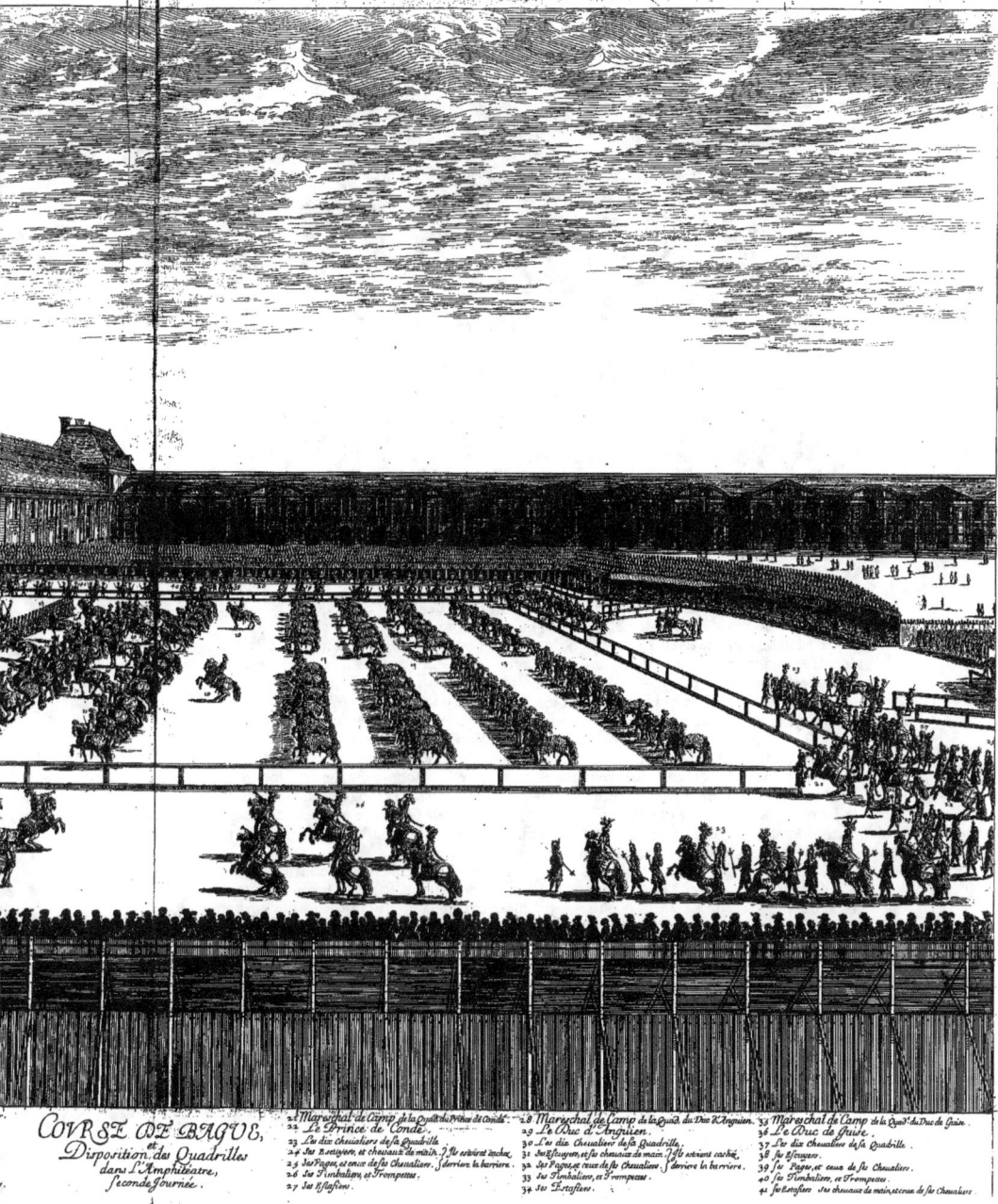

COVRSE DE BAGVE, et Disposition des Quadrilles dans l'Amphiteatre, seconde Journée.

21 Mareschal de Camp de la Quad. du Prince de Condé.
22 Le Prince de Condé.
23 Les dix Chevaliers de sa Quadrille.
24 Ses Escuyers, et chevaux de main.   ⎫ Ils seront rochez
25 Ses Pages, et ceux de ses Chevaliers. ⎬ derrière la barrière.
26 Ses Timbaliers, et Trompettes.   ⎭
27 Ses Estafiers.

28 Mareschal de Camp de la Quad. du Duc d'Anguien.
29 Le Duc d'Anguien.
30 Les dix Chevaliers de sa Quadrille.
31 Ses Escuyers, et ses chevaux de main. ⎫ Ils seront rochez
32 Ses Pages, et ceux de ses Chevaliers. ⎬ derrière la barrière.
33 Ses Timbaliers, et Trompettes.   ⎭
34 Ses Estafiers.

35 Mareschal de Camp de la Quad. du Duc de Guise.
36 Le Duc de Guise.
37 Les dix Chevaliers de sa Quadrille.
38 Ses Escuyers.
39 Ses Pages, et ceux de ses Chevaliers.
40 Ses Timbaliers, et Trompettes.
41 Ses Estafiers. Ses chevaux de main, et ceux de ses Chevaliers.

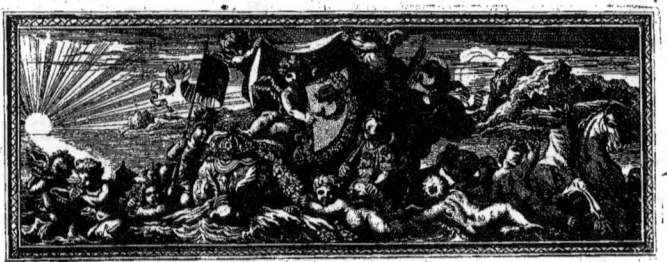

COVRSES DE BAGVE.

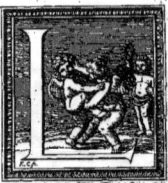E Roy qui ne goûte point de plaisir plus doux que celuy qu'il partage avec ses Peuples, & qui fait sa principale joye de celle qu'il donne à ses Sujets, voulut que les Quadrilles se rendissent à l'Arsenal, pour delà prendre leur Marche vers le Camp, c'est à dire, traverser toute la Ville d'une extremité à l'autre, afin de donner ce divertissement à tous ceux que le lieu destiné pour la Course ne pouvoit contenir; en quoy il préfera la satisfaction des spectateurs à la regularité, & à la beauté de cette Marche, parce qu'encore qu'elle eût l'avantage de passer par des places & par des rües tres-spacieuses & tres-belles, comme la Place Royale, la rüe Saint Antoine, la rüe Saint Honoré, & quelques autres, il se rencontroit plusieurs rües étroites où le spectacle perdoit beaucoup de son lustre & de sa magnificence.

Sa Majesté étant arrivée au Camp, & les Reynes ayans pris leurs places sur le même échafaut du jour precedent; La Course de Bague commença avec la même ceremonie, en la presence de toute la Cour, & d'une infinité d'autre monde qui se pressoit non seulement sur les échafauts qui entouroient le Camp, mais jusques sur les toîts du Palais des Thuilleries, & de toutes les maisons voisines qui en étoient couvertes de tous côtez.

Le Roy y donna encore des preuves incroyables de son adresse, ayant d'abord emporté la Bague après une Course qui le fit admirer d'un chacun, & dont la justesse, la fermeté & la bonne grace étoient encore preferables à l'adresse, dont la Bague fut emportée. Tous les Avanturiers y firent aussi des merveilles, nonobstant la longueur du canon de la Bague, que la hauteur des Plumes & des aigrettes de leur Coeffure obligea d'augmenter beaucoup, & quoy que la grande ardeur du Soleil qui les éblouissoit leur ôtast la mesure qui se prend quand la Bague est posée à sa juste hauteur.

Chaque Chevalier courut trois fois, non pas de suite, mais après avoir couru une fois, il laissoit courir tous ceux de la Quadrille, & recouroit pour la seconde fois à son rang, & ainsi la troisiéme: Et après que tous les Chevaliers de la premiere Quadrille eurent fourny leurs trois Courses, les Chevaliers de la seconde firent les leurs dans le même ordre, & ainsi les quatre autres Quadrilles consecutivement.

Le Comte de Sault Avanturier de la Quadrille du Prince de Condé, emporta le prix d'un Diamant fort riche que donna la Reyne Mere, aux fanfares des Trompettes & au bruit des Timbales, mais sur tout aux applaudissemens de tous les spectateurs.

Ainsi finit cette superbe feste, dont la magnificence a surpassé celle des plus fameux Tournois, & dont le souvenir ne sortira jamais de la memoire de tous ceux qui furent assez heureux pour en estre les témoins.

F I N.

A PARIS,

DE L'IMPRIMERIE ROYALE,

PAR LES SOINS DE SEBASTIEN MABRE-CRAMOISY,

Directeur de cette Imprimerie.

M. DC. LXX.

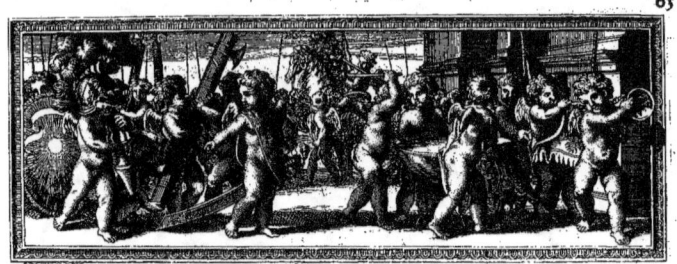

CIRCVS REGIVS,

SIVE

POMPA EQVESTRIS

LVDOVICI XIV·

CARMEN HEROICVM.

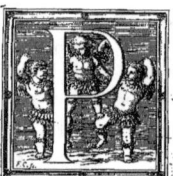 ACIS *magnificos, Belli sub imagine, Ludos,*
Egregioque iuuat solemnes dicere Pompas
Ordine. Roma suos sileat festiua triumphos;
Doctaq̢ Olimpiacis quæ lusit prælia campis,
Olim quadriiugos agitans in puluere currus
Hæreat, & nostras miretur Græcia palmas.

Tu Circo, mihi pande vias, insignis; & illos
Inspira, LODOICE, *animos, queis Cæsaris ibas*
Æmulus, & Latio ducebas splendida luxu
Agmina: nunc etiam placidos mihi dirige cursus
Assuetusque licèt pugnas, & grandia Pacis
Fœdera, & assiduas Rerum sub pectore curas
Tractare; ipse tuos animo ne despice Ludos.
Mille tui majora parant præconia Vates;

Aonioque tibi deducta vertice Musa
Augustum aterno Templum de marmore ponent,
Quâ molles agitat flexus, longisque virentum
Vlmorum ordinibus, pratexit Sequana ripas.

Sedatos ciues intùs, domitosque Rebelles
Cœlato effingent auro, captiuaque signa,
Et fusas campis acies fugientis Iberi.
Hic vndas bello Rhenus, Scaldisque minaci
Amne iugum indignans, & fractis mollior vndis
Eridanus solido argento, domitusque Mosella
Spumabunt. Circum plangentia littora paßim
Euersa ferro, flammisue vltricibus Arces,
Altaque disiectis fumabunt Oppida muris.

Parte aliâ, duro, sæua inter funera, Mauors
Cœlatus ferro, Furiæque in bella frementes
Necquicquam, diroque minax Bellona flagello
Sub vinclis aderunt, & te, LODOICE, timebunt.
Hic supplex iterùm pacem exorabit Iberus,
Et læsâ Regum pro relligione, trementis
Effigies Romæ, flauo pallebit in auro.
Congesta assurgent prædæ; stratisque trophæis
Ipse super, stabis spoliis indutus opimis,
Et famam ipse tuam circum, lætosque labores,
Vultu, quo recreas populos, & bella serenas,
Aspiciens, dulci gaudebis imagine rerum.

Ipse adero pulcro laudis perculsus amore,
Et lauri, & tonsæ foliis insignis oliua,
Ibo altum spirans, & victas ordine pugnas

Æternofque canam belli , pacifque triumphos.
Nunc feftas memorans iucundo carmine pompas,
Externas in amœna traham fpeℓtaculaGentes.

  Poft varios cafus , & longi tædia Martis,
Sæuire aduerfi ftriℓtis mucronibus enfes,
Diraque pacatis inflari claſsica bellis
Defierant. æquis ftabant fub legibus vrbes,
Lætaque fe longo foluebant fæcula luℓtu.
Sic, vbi poft hiemes, & nubila fidera cæli,
Quaſsatæ pelago portum tenuêre carinæ,
Frondibus ornatæ longo ftant ordine puppes,
Tutaque votiuis celebrantur littora ludis.

  Ecce iterùm triftes agitauit peℓtore curas
Hiſpanus placidamTamefis Legatus ad oram,
Commouitque fuos, emptamque in crimina plebem,
Infano faftu, & cœcâ temerarius irâ,
Aufus liligeros etiam præcedere currus,
Regia tunc dubiis hæferunt fœdera Regnis.
Continuò Mauors noftris è finibus exul
Accelerat, fraudemque trahens, iramque fequacem,
Pertentat fenfus, animofque in prælia verfat
Crudelis. Primos irati Numinis æftus
Concipiunt populi faciles ; Regifque fupremos
Accenfo Proceres expeℓtant peℓtore nutus.

  Vt quoties fyluis frondentibus incidit ignis,
Nec ramos, nec adhuc vmbrofa cacumina viℓtor
Corripuit, pingui furtim fub cortice fumant
Robora, vel flammis frondes crepitantibus ardent,

Horrida dum latè voluant incendia venti,
Et glomerent cæcam piceâ caligine nubem.
  Quin etiam vltrices Regi Mars aggerat iras
Vocibus his. Ceſſas, LODOICE, in prælia, ceſſas?
Nec palmas, pace egregius, famamque priorem,
Nec bellis grauidum Imperium, grauidumque triumphis
Reſpicis, at reſides inglorius exigis annos
Oblituſque tui? coram deſpecta Britannis
Lilia, & irriſos deformi vulnere currus
Ad Tameſim, oſtentat, victorque ſuperbit Iberus
Ille, nefas! tua iura, tuos adfectet honores
Vi rapere inſultans! iuratam illudere pacem
Audeat, & tumidos impunè atollere faſtus?
Nec te dulcis honos, aut bellis inclyta virtus
Vltorem impulerint? auidus iam claſſica Miles
Expectat, tacitiſque fremit rumoribus Aula,
An tu diſſimules? animis, opibuſque ſuperbus
Concipe fatales iras, & fœdera rumpe
Mollia adhuc, quæ Relligio te vana moratur?
Vertis in authorem ſua bella, hoſtemque laceſſis
Non ſocerum.... his animum dictis inflammat, & altâ
Sopitos in pace, ferox exſuſcitat ignes.
Inuidiam gentis, diraque cupidine Regni
Inſidias, arteſque, odiiſque tumentia longis
Pectora, & inſidam pacem, iuſſique recentes
Legati furias memorat; Regiſque potentis
Irarum tumidos voluit ſub pectore fluctus.
  Ægeo qualis Boreæ cùm ſpiritus alto

                                                    Inſonuit,

Infonuit ,placidas fpumis albentibus vndas
Afperat incutiens fonitum : mox turbine cæco
Fluctibus illidit fluctus , totumque repentè
Præcipitans , imis ab fedibus incitat æquor.
   Senfit Amor, diuinus Amor , qui numine dextro
Compofita paci , fortunatifque Hymenæis
Præfidet , & teneros latè diffeminat ignes ;
Mox Regem aggreditur dictis. Fortiffime Regum,
Afflictifne paras bellum lachrimabile Regnis ,
Alternafque iterum cædes , & mutua ferro
Funera ? pacatum componere moribus orbem ,
Et fracti bellis fæcli fulcire ruinam
Quam fatius ? quæ te vincendi vana cupido
Sufcitat ? Hefperiæ vix ficcos fanguine campos
Afpice , belligeris viduatas ciuibus vrbes ,
Exhauftas & opes Regni ; quid reftat Ibero
Quod vincas ? veniam orabit, labemque nefandam
Eluet , æternofque tibi iurabit honores.
Frange animis animos , & faftu defpice faftum
Iam victa Gentis : fed durum pectore Martem
Excute. Num precibus Genitrix , aut anxia votis
Molliet hanc iram Coniux , quæ fœdera Regum
Turbari , pacemque fuam fufpirat , & ipfa
Regnorum lacrimis dotari , & fanguine luget.
Oro per hos fponfæ luctus , per dulcia Nati
Ofcula , qui placido iam rifu nofcere Matrem
Incipit , hos , iterùm mitis , compefce tumultus.
Aut fi tantus Amor pugnæ. Sollemnibus acres

Inuita ludis animos , & præmia pone.
Ludicra sic positis agitarunt prœlia bellis
Et Pater, & Proaui ....sic fatus, splendida fixit
Lumina Delphino similis , vultuque decoro
Os pueri blandum expressit, risusque serenos,
Qualis erit , cùm iam formosa adoleuerit ætas ,
Inflexitque Patrem. Calidis iam regius ardor
Sensim deferuet venis ; sed Martia virtus ,
Et Regni pietas , spretæque iniuria Gentis
Exstimulant : donec Pacem implorauit Iberus
Supplicibus votis , & primos cessit honores ,
Et sua iam victum docuit fortuna timere.

    Placatur LODOIX *, pacemque indulget Amori,*
Et rigidum belli solatur imagine Martem.
Composito in speciem gaudet certamine , pugnæ
Assimilare artes , cursuque insignis equorum
Aulica puluereo iam destinat agmina campo.
Auratis lectos Equites concurrere in armis
Acrius, & virides sine sanguine carpere lauros
Hortatur , lætumque aperit victoribus. æquor.

    Stabat in innocuas acies , festiuaque pacis
Prælia , porticibus laxis , & carcere longo
Regia planities : paribus fastigia tectis
Frontibus egregiis ædes , & diuite cultu
Conspicua, attollunt. mediâ LODOICVS *arenâ*
Æreus exsurgit tumulo , dextraque minacem
Flectit equum , & dominam victor supereminet vrbem.
Mos erat hoc celebres Pompas educere Circo ,

Sed Luparam ædificans ampla in spectacula Princeps
Dat spatia, & Ludis immensas extruit Aulas.
Marmore stat Pario, nitidisque effulta columnis
Regia, quæ serie tectorum, & mole superba
Extremam spatiis vrgens ingentibus vrbem
Innumeras latis complectitur ædibus, ædes.
Alluit exultans augustam Sequana Molem;
Miranturque nouas Artes, operumque laborem
Surgentem, placidæ patrio sub littore Nymphæ.
Effigies intus Regum, spirantia signa
Exornant aulas : pulcrâ testudine postes
Aureaque effuso radiant laquearia luxu.
Inuigilat portis statio, foribusque superbis
Ampla salutantum Procerum domus accipit vndam
Et vomit assiduè. Circensibus Area Ludis
Opportuna patet iuxta : seu lenta lacertis
Spicula torquere , aut pugnæ simulacra sub armis
Texere ; seu spumantis equi frenare feroces
Conueniat furias, rapidove lacessere cursu.
Hoc libuit, LODOICE, tibi decurrere campo;
Regiaque insignem condi in spectacula Circum.
   Incumbunt operi artifices , ac iussa capessunt.
Pars signare locum sulco, terramque subactam
Sternere ; pars tenuem latè diffundere arenam
Et mollire viam cursus , aut ponere metas,
Et vastum paribus stadium concludere claustris.
   Tales vere suo, sub amici tempora solis
Exercentur Apes, reparant dum cerea regna.

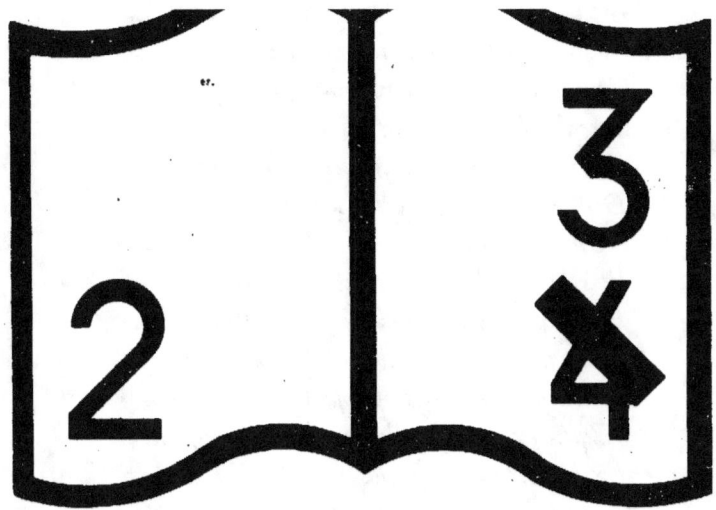

Pagination incorrecte — date incorrecte

NF Z 43-120-12

Collectos aliæ per olentia gramina rores.
Conuectant ; prædam excipiunt , onerique viciſſim
Succedunt aliæ , & lentum de cortice gluten,
Aut florum exercent lacrimam , cerâque tenaci
Dedaleâ paruos effingunt arte penates.

  Sic voluunt alij manibus frondentia ligna
Et syluas ſpoliant , altis ſecura Theatris
Fulcra parant alij , curuamque attollere molem
Compactis trabibus, cæloque educere tentant ,
Immenſi donec ſeries operoſa Theatri
Æquis excurrit ſpatiis , gradibuſque ſupernè
Exſurgit. legere aduerſos ex ordine vultus
Hinc iuuat , & varios fortunæ expendere caſus ,
Pugnantumque artes ; animoſque accendere plauſu.

  Sic quondam Elæi patuerunt maximâ campi
Æquora , præcipites vbi circumflectere curſus
Certatim ad metas , pugnæque ardore ſolebant
Carceribus ruptis rapidi ſe effundere currus ;
Spectantum inſtabant fremitus , effuſaque circum
Victores longo ducebat Græcia plauſu.

  Aduerſos Equites vallato durior ætas
Siſtere ſe campo quondam , ſignoque repentè
Audito , ſolidis concurrere vidit in armis ,
Horrebant populi ; rapidoque vtrimque ſolebat
Conflictu oppoſitum contundere lancea pectus
Cum ſonitu , & tenues vaneſcere fracta per auras.
His iuuenes ſtudiis , ictuque , habituque feroces
Martia venturis firmabant pectora bellis.

Sed dura nocuere artes, ferrumque patentes
Vel subit insidum rimas; vel noxia ruptis
Fragmina dissiliunt hastis, incautaque sæpe
Insequitur cædes, aut cæcum cuspide vulnus.
Heu! lætas aliis pompas impendite Ludis,
Nec tantas animis, Reges, assuescite pugnas.

　　Nunc capita aurato cursim transfigere telo
Depicta, aut torua iuuat insultare Medusæ
Missilibus iaculis, gratumque infigere vulnus:
Vel summam appenso, celeratis cursibus, hastam
Inserere orbiculo. firmata gaudia pacis
Sic decet, & mites Regum celebrare Hymenæos.

　　Mox Tyrias clamydes, capitum splendentia poscunt
Tegmina collecti Heroes, cristasque comantes
Egregij bello nuper, iam pacis in vsus
Innocuis tractant enses, & spicula dextris.
Iamque etiam cursu rapido, rapidoque recursu
Concitus, optatâ sonipes prælusit arenâ,
Et prima augustos sonuerunt classica Ludos.

　　Improba finitimas vulgabat Fama per vrbes
Interea, Hispano fastu, rebusque Britannis
Offensum renouare acies, & prælia Gallum:
Æoliis sæuos recoqui fornacibus enses,
Et lenta in galeas duris incudibus æra
Versari, curuasque redire in spicula falces.
Sic falsâ dubiam terrebat imagine pacem.

　　Qua subit aëriis cælum scopulosa Pyrene
Verticibus, votis, & amoribus inclyta Regum

Sss

Insula, fœderibusque iacet. non nubila cælo.
Illic densantur placido ; nec littore toto
Sæuit hiems. dominam spirant hic omnia Pacem.
Apparet vitreæ propter diuortia limphæ
Pacis parua domus. non pictis limina valuis ;
Non auro illusi postes, non alta columnis
Culmina, nec sculpto splendent simulacra metallo.
Relligione micat, votisque ingentibus ædes
Non opibus, sed plena Deâ. furor intus ahenis
Dira fremit vinctus nodis ; & tristis Alecto
Rumpitur, & tortis necquicquam insibilat hydris.
Votiuæ galeæ scabrâ rubigine nondum
Exesæ ; fixi sacris in postibus enses,
Spiculaque obtuso radiant innoxia ferro
Exuuiæ bellorum ; & liquidas vexilla per auras
Vndatim fluitant alti sub fornice Templi.

    Candida marmoreis Virgo quæ præsidet aris
Pacifera manibus ramum prætendit oliuæ,
Fatalesque iras regnorum è finibus arcet.
Agnoscas oculis Diuam, risuque sereno.

    Illa vbi sanguineos populis instare tumultus
Audiit, & placidum dilabi in funera mundum,
Cum gemitu tales effudit mœsta querelas.
Heu ! quæ vos agitant recidiua in crimina Diræ,
Mortales ! alia ex aliis in bella ruetis
Assiduè ? æternas in fœdera dicere leges,
Testarique Aras, & conscia Numina vidi
Nuper ; at oblatam requiem, propriamque salutem

Exoſi, immenſos optatis ſtragis aceruos
Aſpicere? afflictis etiamnunc vulnera Martis
Lugentur terris, & adhuc perfuſa cruore
Tela madent. ſaltem rerum reparate ruinas
Paulatim.... Illacrimans acri tum fixa dolore
Conſtitit, accinxitque fugam. ſed nuncia veri
Fama tulit labem abſterſam, firmataque iura
Gallorum; Ludos, non horrida bella parari.
Paxque iterum poſitâ gaudens formidine regnat.

   Aurea lux aderat, roſeiſque Aurora quadrigis
Vecta, diem intulerat. iam longi obſeſſa Theatri
Limina, cuſtodes genus intractabile ſeruant;
Ne deſit numero moles, aut victa fatiſcat
Pondere, neue oneret ſcenas ignobile vulgus,
Dira ſeges ferri portis horreſcit apertis.

   Auratis longè videas procedere ciues
Curribus, & vacuo egregios ſuccedere Circo,
Virginibus mixtæ ſubeuntes ordine Matres
Vittarum nitidis intexta volumina nodis
Longaque iactantes pretioſæ tegmina pallæ
Prætereunt Diuis ſimiles, alteque locantur.
Spectatum ornatæ veniunt, ſpectantur & ipſæ.
Accipit hæc blandam inclinans, redditque ſalutem.
Hæc roſeos vultus, & dulci lumina riſu
Explicat, illa ſibi lenes exſuſcitat auras,
Et picto nimios flabello ventilat æſtus.
Nobilium iuxta iuuenum lectiſſima turba
Vrbanis molles animos, & pectora mulcet

Lufibus , aut teneros furtim fufpirat amores.
Cæruleis Proceres euincti pectora vittis
Purpureique Patres fparfim curuata coronant
Pulpita. Legati Regum iam proxima pompa
Gaudia, tanta fuis nufquam fpectacula terris
Vifuri, exfpectant. ftrepit omnis murmure Circus.

Pictura infigni, miroque opulenta Theatro
Ludorum latè campum circumfpicit Aula.
Hic volitare viros furfum, montefque moueri
Mole fuâ, & ficcam per fcenam vidimus æquor
Aduolui, & rutilum cælo defcendere Solem.
Prominet hinc pictis diues ftructura columnis
Quam decorant artes, & fparfa tapetibus aureis
Lilia. Regina vultuque, habituque Dearum
Oftro puluinis, auroque micantibus, illic
Confedére oculis , & Majeftate decorâ
Inclyta progenies Regum, dilectaque Regis
Coniux, iamque etiam mater Therefa refulfit.
Non fecùs ac cælo fiftit fe Luna fereno
Purior, atque alios noctis fupereminet ignes.

Plaufibus intereà lætis, fremituque fecundo
Exultans Equitum longè procefferat ordo.
Effufi refluunt paffim per compita ciues,
Prætexuntque vias, tectifque patentibus adftant;
Mirantur cultus Equitum, mirantur equorum ;
Confpicuofq, Duces gemmis, & nota colore
Agmina quæque fuo, propriove nitentia luxu.
Præcipuè fixis in Rege obtutibus hærent,

Sidereofque notant oculos, qui fpiritus illi
Qui vultus, votifque hilares animifque fequuntur.
  Iamque propinquabat campo, clangorque tubarum
Aduentúfque virûm, denfufque hinnitus equorum
Incipit audiri, & longum increbrefcere murmur.
Iam clamydes oftro pictæ, nitidifque lapillis
Eminùs, & tremulis radiat fulgoribus aurum.
Alterno qualis procurrens gurgite Pontus
Dum ruit, & fufo paulatim aduoluitur æftu:
Allifi refonant fcopuli, creberque remugit
Ante fragor; procul incipiunt albefcere tractus
Vndarum, donec perfundat littora fluctus
Spumeus, & totâ latè fe voluat arenâ.
  Talis erat clamor, vulgique ad limina motus.
Illi fe vacuo tentant infundere campo
Furtim, contextis adrepunt poftibus illi,
Iniectifque agiles prenfant faftigia dextris,
Sed triftis cuftos nunc hos nunc dejicit illos,
Summotofque procul ftrictis mucronibus arcet.

TVRMA REGIA.

  Ærea vix toto fonuerunt tympana Circo,
Ludentefque tuba. Gramontius agmina lentè
Regia prægreditur, quo non præftantior alter,
Seu belli curas tractat, durofque labores
Ardens; feu tacita maturat fœdera pacis
Teutonico in cœtu; feu facros Principis ignes
Explicat, & patria Reginam accerfit ab Aula

Vuu

Legatus nuper, magnique interpres amoris.
  Induitur Tyrio faturatam murice, & auro
Intextam veftem, gemmis onerata renidet
Diuitibus caffis, plumifque vndantibus altus
Surgit apex, capuloque effulget gemmeus enfis.
Præfecti caftris Equites comitantur; at ille
It ftrato fublimis equo, ftadiique patentis
Metitur fpatia, & pofitâ ftatione, receffus
Signat equis, fignatque viris, atque ordine longo
Caftra locans, variam agminibus partitur arenam.
  Nec mora, partiti numero fpectantur Ephebi
Queis decus ingenuum forma, rofeufque iuuentâ
Flos micat, & flammis cæleftibus æmulus ignis.
Aurea cæfaries illis, atque aurea veftis.
Vittarum fluitant nodi, plumæque rubentes
Eximius, rutilo, quas Pileus explicat, orbe.
Aurato Alipedes ftratos Iouis alite flectunt
Subfultim. Phrygiis opibus, pictâve pharetrâ
Troia, dum ftabat Priamus, mox Romula pubes
Sic aderat gaudens in equis, dum pofceret ingens
Lætitia, alternis intexere in orbibus orbes.
Et finuare fugas, & amœnam ludere Troiam.
  Haud procul innumeri Tyrio ducuntur in oftro
Regis equi, crebris fimulant nunc faltibus iras,
Loraque detrectant refugi, iactantque comantes
Excuffâ ceruice iubas: Nunc aurea frena
Dentibus illifis mandunt, gradibufque fonoris
Compofiti, finuant alterna volumina crurum

Et fuluum maculant spumis albentibus aurum,
Exultantque pares. videas pendere tapetas
Auro intertextos rutilo, per stragula pictas
Arte Phrygum radiare Aquilas, pennisque minari;
Et nitido circum gemmas excurrere limbo.

Pone sequebantur succincti murice rubro
Lictores, pictosque ferebant ordine fasces
Romulidum; iuxta portant insignia Regis
Armigeri. Pictam gerit ille coloribus hastam
Caeruleis, alter fulgentem Principis Ensem.
Sustinet hic scutum: mediog. vmbone resulget
Qualis ab Oceani Titan sese extulit vndis
Eduxitque diem, radiisque potentibus vmbras
Vt vidit, vicit. rutilat fulgoribus Aër,
Vanescunt grauidae nubes, ventique residunt.
Ille triumphato pacatus regnat Olympo,
Flammiferosque regit caeli super atria currus.

Tum verò emicuit campo LODOICVS *aperto*
Ora Deo similis. Pictae non addita vesti
Lilia, non sceptri fulgor, ditisque coronae;
Sed sua Majestas Regem indicat; vndique vestis
Gemma fuit; chlamydem victorum more Quiritum
Induitur, Tyrio sublucet purpura fuco
Aurea quam multo percurrit taenia tractu,
Gemmarum, & nitido subnectit fibula morsu.
Augusto capiti radiantis more coronae
Cassis erat, rutilo, quam plurimus igne Pyropus
Irradiat; lateri stellatus iaspide fulget

Ensis. gemmato suras incluserat auro.
Erectusque regebat equi spumantis habenas,
Cui nitidos artus auro conserta tegebat
Purpura; crinito pretiosa monilia collo
Effulgent latè, compactaque cauda decoris
Vittarum refluit nodis, terramque flagellat.
Hoc cultu fremit arrectis ceruicibus altè
Luxurians sonipes, tacitosque huc, versus & illuc
Diuidit in populos Regem, tantoque superbus
Pondere, composito glomerat vestigia gressu,
Ludentesque iubas reiicit per colla, per armos.

   Hic ego Romuleæ perculsus imagine pompæ
Mirabar lætas acies, mirabar opum vim,
Ausoniasque Aquilas antiquæ insignia Romæ,
Attonitis inhians animis, ac talia voluens.

   Æternas Arces, Capitoli immobile saxum
Necquicquam, & rerum dominam promiserat vrbem
Iupiter; euersa moles, auulsaque saxis
Saxa iacent; priscæ fatorum iniuria Romæ
Vertit opes; at opus Luparæ dum cerno superbum,
Ingentesque minas murorum; æquataque cælo
Culmina, Romanas iterum se attollere moles,
Et nostris iterum Capitolia surgere sæclis
Crediderim. Tiberis pleno qui flumine campos
Stringebat Latios, & Martia Regna rigabat
Nobilis, & cælo quondam gratissimus amnis:
Lapsa per Imperij decora, insignemque ruinam
Amne fluit modico, tristes & voluit arenas.

Auspiciis, LODOICE, *tuis, nunc Sequana regnat*
Regia cui virides pratexunt Atria ripas,
Et dites per agros sinuosis flexibus errans
Augustam vitreis vrbem praterfluit vndis,
Et Regum miratur opes, & marmora lambit.
Dum veterum stabant artes, & fata Quiritum;
Tum Populus latè victor, belloque superbus
Imperiisque suis, animos aquabat Olympo,
Et totum Latias sub leges miserat orbem,
Ilicet, ignaua nunc alta per otia pacis
Degenerant resides anima, desuetaque bello
Pectora, Romani tenuis nunc nominis vmbra.
Vsque adeò nulla est fati secura potestas.
At regere arbitrio populos, sceptrique potentis
Imperio, belli, pacisque imponere morem,
Iam fatum, LODOICE, *tuum. iam Gallia Roma est.*
　Dum rerum euentus varios mecum ipse voluto,
Stipatus circum innumeris Heroibus, Heros
Ibat ouans, fremitusque virûm, clangorque tubarum
Consonat. egregium quò sese verterit agmen,
Illusas auro galeas, & spicula cernas
Sole lacessita, & tremulo fulgore reflexos
Ingenti circum radios albescere tractu.
　Olim magnanimis cùm se iactabat alumnis
Inclyta, magnifico sic viderat ordine pompas
Roma suas. Latio seu victus Marte Gelonus,
Siue vrbes Asia domita, siue excidit alta
Carthago: Tyrio victor conspectus in Ostro,

Quadriiugo vectus curru, insignisque trophæis
Ibat conspicuo Capitolia ad alta triumpho;
Æternasq́ Ioui lauros, & vota ferebat
Dîs Italis. Ludis populi, plausuque fremebant
Lætitiæ. At priscos sileat mihi Fama Quirites.
Discordes alius flexis compescuit iras
Ciuibus, & patriam formauit moribus vrbem.
Egregius latè famâ, & victricibus armis,
Ausonios alius felici Marte triumphos
Protulit, aut Iani stridentia limina clausit
Dulce ministerium Pacis. Sed colligit omnem
Insignis LODOIX *laudem, moresque Catonis,*
Mites Augusti vultus, animosque superbi
Cæsaris inuenias, & totam in Principe Romam.
　　Pugnauit, vicitque puer, tolerare labores
Feruidus, & medios victor volitare per hostes.
Ciuiles domuit furias, primisque sub annis
Aduersas quassis disiecit mœnibus vrbes.
Congessit lauros; donec demulserit iras
Pacis amor. Sed qui bellis, & nobile duro
Protulit Imperium ferro, nunc aurea condit
Sæcula, pacatis & diuidit otia terris.
Aut placidis lætas componit moribus vrbes,
Et molles aditus populis venientibus offert.
Aut fontes castigat opes, & legibus æquis
Fortunas multo conflatas crimine mulctat.
Aut pulcris etiam virtutibus addit honores,
Inuitatque animos pretiis, & promouet artes.

Omnibus vnus adeſt, animumquè per omnia verſat
Ipſe ſuum ; & nulla rerum ſub mole fatiſcit
Anxius. aſſiduo ſic quamuis omnia motu
In mare cæruleos euoluant flumina fluctus,
Se capit Oceanus, nec motis altior vndis
Turbatur, fluuiiſque, ſuâque capacior vndâ.

 At poſtquàm lento percurrerat agmine campum
Atque omnem LODOIX luſtrauerat vndiq; ſcenam ;
Reginas blandè flexâ ceruice ſalutat ;
Mox acri ſubſultat equo, penituſque recedit
In mediam, turbâ Procerum ſtipante, Palæſtram
Aureus, atque humeris illic ſupereminet omnes.

 Qualis vbi fœtis apibus, ſua tecta relinquit,
Veſtigatque domos alias emiſſa iuuentus :
Examen campo ſiquando erupit aperto,
Et ſudum ad Solem ramo frondente pependit.
Rex nitidis clarus ſquammis, maculiſque coruſcus
Emicat, & rutilas inſignior explicat alas.
Stant fuluis aliæ pennis, Regemque coronant
Affuſa circum. mediâ ſic luce refulſit
Princeps ; at iuuenes oſtroque, auroque decori,
Et Regum ſimiles latâ cinxêre coronâ.

DVCIS AVRELIANENSIS
TVRMA.

 Vt procul inſonuit clamor, lætuſque tubarum
Concentus. videas ſpoliis Orientis onuſtos
Aduentare viros, totamque oſtendere gazam

Perſarum. longâ ſerie per caſtra, quaterni
Inccedunt Equites : ſeu qui reſonantia pulſant
Æra manu ; ſeu qui pompam comitantur Ephebi;
Seu iuuenes lætæ qui captant præmia Palmæ.

   Purpureis omnes vittis ornantur, & albis
Per nodos ; .micat inſertis argentea veſtis.
Baccis, & lateri capulis radiantibus enſes ;
Criſtatoque leues nutant in vertice plumæ.
Quadrupedes preſſis domitos moderantur habenis,
Eois tectos opibus , cultuſque profuſi
Mole laborantes. roſeo ſpectabilis ore
Vertitur, & medio conſpectus in agmine Ductor
Dat radios circum , & toto ſcintillat amictu.

 . *Dum Xerxes Proceres inter, ſublimior ipſe*
Oſtentabat opes Aſiæ , belloque ſuperbus
Milite complebat terras,& claſſibus æquor
Immenſum ; tali vix ſe ſplendore ferebat
Ac Regis frater, Regiſque ſimillimus Heros.

   Inuictis quoties LODOICVS *contudit armis*
Aduerſos hominum faſtus, domuitque rebelles ;
Ille, ſecundus apex , & belli proxima caſſis
Adſtitit, ingentes partitus pectore curas.
Vt prædulce decus, properamque extendere famam
Geſtiit! vt dubio voluit ſe credere Marti
Sæpiùs, & ſacras fratri decerpere lauros!
At rigido poſtquam riſit Pax aurea ſæclo
Ille etiam Regis curas , & vota ſequutus
Spes alias Pacis, læto dedit altera Regno

Coniugi.

Coniugia, & teneros etiam sperauit amores.
Nunc tumidum, fuso per eburnea colla capillo
Flectit equum, clamydem gemmis, auroq; micantem
Ventilat, & pictas radianti vertice cristas.

  Sic oculos, sic ora ferens Deus æquoris olim
Flectere equum docuit cursu, nam Rector aquarum
Si qua fides, illam, Dis admirantibus, artem
Extudit, & pompam primus celebrauit equestrem.
Hos, Musæ, vidistis enim, mihi pandite Ludos.

  Dum sese cupido concessit casta marito
Nereis Æacidæ; conuenit Thessala Pubes,
Conuenêre epulis Diui, nam visere castas
Sæpe domos, & se mortali ostendere vultu
Cælicolæ, prisca sub Relligione, solebant.
Effulsere omnes, & læta per atria pictis
Discubuere thoris hominum genus atque Deorum,
Et festos egere dies. vix nectare sese
Proluerant, lautis agitantes gaudia mensis,
Instituunt sacros vicino in littore Ludos,
Et Thetidis fœdas gaudent celebrare iugales.

  Quisque suam summis ostentat laudibus artem.
Mobilibus digitis cytharam percurrere cœpit
Cinthius, alternasque fides. nunc arte canoros
Attollit numeros; chordas nunc molliter omnes
Vellicat, & tremulis mulcet concentibus aures.
Hos diui motus laudant, cytharæque sonantis
Mirantur modulos, & non imitabile Carmen.

  Grandia Pierides respondent carmina Musæ.

Vt tener æternis olim concreuerit orbis
Seminibus ; rutilos cælo quæ sparserit ignes ,
Quæ proprias rerum secreuerit ordine formas ,
Quæve agitet molem fatorum infusa potestas.
Hinc mersos latè populos , mundumque natantem ,
Et iactos Pyrrhæ lapides , & dulcia Regna
Saturni memorant. plauserunt cantibus illis
Littora , & immoti presserunt murmura fluctus.
Oblitus duri Mauors certamina belli ,
Aut positam iactu certus contingere metam
Horrendo volucres vibrat stridore sagittas ;
Aut procul ardenti similis , similisque minanti
Fulmineam validis protendit viribus hastam ;
Et rapido vacuas ictu diuerberat auras ,
Et facilem exercens pugnam , sua prælia ludit.
Iupiter innocuo collectas aëre nubes
Collisit placidus , tonitrusque , & fulgura finxit.
Obliquas per inane faces , tractusque coruscos
Flammarum rutilare , & inania murmura cælo
Misceri , & læto viderunt Numina vultu
Supplicia in ludos , poenasque in gaudia verti.
Spargebat furtim flammas , & tela cupido
Per Diuos , Nymphasque , sed heu ! quot pectora amore
Improbus accendit , quot ridens vulnera fixit !
Ornatum phaleris , collectâque æquore gemmâ
Insiliit Neptunus equum. mirabile dictu !
Fuderat hunc summo tellus percussa tridente ;
Puluereoque leues flectens in littore cursus

Ostentare

Ostentare sui gaudebat muneris usum
Ipse super. sonipes tantis compressus habenis
Mollia nunc siccâ vestigia ponit arenâ,
Insultatque solo plaudens, glomeransque superbos
Arte nouâ gressus, campo sese arduus infert.
Nunc curuis fertur spatiis, & poplite flexo
Spargitur in gyros, subitisque recursibus in se
Conuersus, varios intexit in orbibus orbes.
Æquora mox per aperta volat, cursuque citato
Aërias post se nubes, ventosque relinquit.
Dat sonitum retrò campus, nec sentit euntem.
Aut ante ora Deûm, crebris subsultibus ardens
Emicat, & vacuas erectis verberat auras
Calcibus, atque agili se iactat in aëra saltu.
Laudabant Equitem Diui, cultuque tumentem
Mirabantur equum. Tantarum conscià laudum
Ipsa suam posthac Pallas contempsit oliuam.
    Hinc alacres cursus, & festas ducere pompas
Cura fuit, quoties ineunt socialia Reges
Coniugia, & lætam Pacem. sic ludere cœpit
Rex Pelagi, fraterque Iouis. nunc ore decoro
Egregius celebrat Regis connubia frater.
    Vestem crebra ligat gemmatis fibula nodis,
Cui punctis acus insistens operosa minutis
Argento gemmas, gemmis intexuit aurum,
Et super arti artem, decori decus addidit ingens.
Aurea formosam cingunt Diademata frontem,
Effusamque micans cristato in vertice fundit

Bbbb

Lucem Adamas; lateri contexto flexilis auro
Circulus effulget pulcrum qui subligat ensem.
　At sonipes latos cui splendida contegit armos
Purpura, sub tanto exsultat sessore, suumque
Sentit onus. nunc frena ferox fulgentia mandit,
Ceruicemque iubis, atque ardua colla flagellans,
Aut patulis efflans generosum naribus ignem
Fixa tenet crebro spectantum lumina saltu.
　Hîc Charites plausêre omnes, summoque, decori
Spectauêre Ducis vultumque, habitumque, theatro.
Ille ibat toto fundens sua lumina Circo.
Qualis, vbi Veneris dilectum Lucifer ignem
Extulit Oceano: roseo formosus ab ortu
Explicat os rutilum cælo, tenebrasque resoluit
Vno Sole minor. tali fulgore nitebat
Borbonides studiis gaudens, plausuque fauentum.

CONDÆI PRINCIPIS
TVRMA.

　Ecce nouum intereà campo sese intulit agmen
Heroum, tantæ quos inclyta gloria palmæ
Incitat ad pugnas, ardensque in pectore virtus.
　Composito quisquis sonitu resonantia pulsat
Tympana, collectis manicis, vittâque retortis
Bracchia protendit iactans alterna; suisque
Aut quatit æra, leues aut verberat ictibus auras.
　Quæsitas Condæus opes terrâque, marique
Vestibus, & Scythicæ gestans insignia Lunæ,

Exhiber

Exhibet imperiis latè, populisque potentem
Regnatorem Asiæ, miseras qui territat vrbes
Christiadum, & sacras, heu: diruit impius Aras.
   Se vultu profert, animisque ingentibus Heros,
Non qualis belli furiis accensus, & irâ
Terribilis, manibus ferrum fatale coruscat, .
Attollitque animos, & sæuis fulminat armis;
Aspera dum fuso crudescunt prælia Martis
Sanguine; sed qualis, dum nobilis ira resedit
Bellorum, mitem detersus puluere vultum,
Excipitur votis victor, placidusque triumphat.
   Huic læues humeros velat Babylonica vestis
Cæruleo tinctu, fulgentisque æmula cæli
·*Purpura, Mœandris auri, argentique refulget,*
Baltheus implicito quam circum amplectitur auro.
Intextam Phrygio præfert de more Tiaram,
Confusosque super, nigro, niueoque colore
Cæruleoque, apices, mollis mouet aura Fauonî
Halitu inoffenso, & cristæ fastigia libat.
   Circi per vacui confinia, Thracius illum
Portat equus, formæ sibi conscius erigit armos,
Immensisque opibus Domini, genioque superbit.
  Quid dites phaleras? quid frena? quid aurea bullis
Cingula? quid tumido collecta monilia collo,
Aut memorem ornato pictas in pectore Lunas?
Vndique gemmarum radiat, fuluique metalli
Lucida congeries; medioque in Sole coruscans
Pulcra repercussis dispergit fulgura flammis.

Cccc

Spectantes longo testantur gaudia plausu.
Clara Ducis virtus, immensaque fama recursat,
Et subit illius quondam victoris imago
Qui subitis auxit victricia tempora palmis
Pene puer. primis ex quo sese induit armis,
Candida veloci plausit Victoria pennâ
Quo se cumque tulit. fastus compressit Iberos,
Reppulit Austriacum nostris è finibus hostem,
Non Rheni tardatus aquis, non aggere multo.
　Quot fudit campis acies! quot strenuus arces
Eruit, & validis quot bella exhausit in armis!
Quos animos, quas spes ostenderat! heu! quibus ille
Iactatus fatis posthac, quæ prælia gessit!
Sed quid ego hæc memorem? placidi sub nomine Regis
Effulget nostra iam nobile sidus in Aula.
Non secùs ac Lunæ siquando argenteus orbis
Palluit, & cæcâ sese prætexuit vmbrâ:
Auricomi tandem radiis obnoxia Phœbi
Crescit vt aspicitur, purosqne recolligit ignes.
　Vt procul armigeros Equites, venientis & ora
Condæi, medio prospexit ab aere Mauors,
(Quippe aderat Mauors sedatis vndique bellis,
Et circùm denso nebularum fusus amictu,
Illam, quod superest, vidit certaminis vmbram.)
　Quas, inquit, fortuna vices mihi noxia versas?
Quâ natos in bella viros dulcedine mulces?
Olim quæ pugnæ signum crudele canebat,
Bellantum accendens animos, & pectora raucis

Cantibus,

Cantibus, innocuos nunc clangit buccina Ludos.
Qui domino victore ferox, crebrisque trophæis
Infremuit quadrupes, mediosque erupit in hostes
Ante minax, pressitque ingentes cædis aceruos:
Nunc pictâ ceruice micans lasciuit, & illa
Hostibus insultans, quæ sparserat vngula rores
Sanguineos, tenues nunc Circo spargit arenas.
Pro clamyde horrenda, sæui pro casside belli
Ludorum nitidi cultus, & mitia Pacis
Ornamenta micant gemmæ, pictæque Tiaræ.

Qui rapido nuper cursu media agmina rupit
Turbinis in morem, per noxia tela, per enses
Fulmineos, diramque vomentia fulgura mortem,
Nunc Tyriæ vestis luxu, gemmisque decorus
Vanas pictorum capitum perrumpere gestit
Ceruices, equitans, & pompam ducit inermem.

Quo fortes animos, inuictaque pectora vertis
Pax ignaua? meus quo tandem labitur Heros?

Scilicet & placidis postquàm virtutibus orbem
Impleuit Lodoix, hanc spem mihi fata reseruant,
Arma retractabit victor, reparandaque rumpet
Otia. tum Solymæ fines, captiuaque Regna,
Et septemgemini trepidabunt ostia Nili.
Te spoliis tectum, Condæe, recentibus, illic
Nostra sub auspiciis Lodoici castra videbunt.
Hæc secum tacito voluit sub pectore Mauors.

Ductorem intereà Proceres comitantur ouantem,
Et varias rutilo iactant in vertice plumas.

Non aliter pennas Iunonius explicat ales,
Dum tumet, & iactat stellata Syrmata caudæ.
Si quis acu pictas clamydes, Phrygiasque Tiaras
Gemmatosque enses, & barbara tegmina crurum
Viderit, & Lunæ radiantia cornua; toto
Confluxisse putet lectos Oriente Tyrannos.

ANGVIENI DVCIS
TVRMA.

Condævm sequitur simili splendore Parentem
Angvienvs, campoq́ micant Natusq̈, Paterque.
Sic sparsis Solis radiis, & luce refusâ
In nubem, gemini fulgent per inania Soles
Sæpiùs, atque oritur Magno de lumine lumen.
   Magnificum simulat Regem qui temperat Indos
Littoribus natos aliis, quosque omnibus vndis
Diuisos, prudens nostro Deus abscidit Orbi.
Ludicra qui numeris argutis classica flectunt,
Quique volubilibus quatiunt caua tympana palmis,
Murice collucent picto; vittáque reuinctis
Vestibus alliciunt oculos, & cantibus aures.
   Egregiâ Pueri formâ, similique iuuentâ
Ex auro pharetras humeris, arcusque ferentes,
Effusis equitant per lactea colla capillis.
Talis se risu lepido, & florentibus annis
Iactat Amor, pharetram gestans, celeresque sagittas
Queis agitat curas, atque ossibus implicat ignem.
   Corpora quadrupedum cultu succincta fluenti

In gemmis , auroque latent, rubrifque corallis ,
Vmbrofifque nitent furfum capita ardua plumis.
Virgatis famuli fagulis , queis, agmine longo ,
Penfilis ex humero fonat arcus , & aurea cufpis ;
Præcedunt turmam , lituofque , tubafque fequuntur.

   Qui pugnas ineunt, & læta pericula famæ
Thetidis ornantur fpolio , & Gangetide gazâ,
Circumfantque Ducem nitidi. Condæia proles
Oftentat luxu vario, quas vbere profert
Noftra finu tellus , & quas Mercator auarus
Oceano conuectat opes. gerit ille retorto
Interpunctam auro tunicam, quam plurimus ornat
Vnio. qui galeæ confufos viderit ignes,
Siderei vidiffe putet laquearia Cœli.
Vfque adeò crebris perftringit lumina flammis.
Fulget apex albo mixtus , nigroque colore
Et croceo : pretiúmque opibus dat lucidus ordo.

   Cornipidem grauidæ gemmis , auróque rigentes
Præcingunt Phaleræ , mediúmque , accenfa pyropis
Zona ligat. fimiles olim , dum Roma vigebat
Bellatrix , Latios curru duxêre triumphos.
Concitat hunc Heros , frænis & temperat aureis.

   Talem Sarmaticis quondam cùm victor in oris
Aut Scythicas acies , aut fæui caftra Geloni
Fuderit , exultantem animis , fpoliifque fuperbum
Excipiet lætis exultans Viftula ripis.
Ille etenim iuuenis , fi vera Oracula vatum ,
Sarmaticum reget , & fummâ ditione tenebit

Imperium , quæ nunc intorquet dextera telum
Sceptra feret : criſtis quam verſicoloribus ornat
Auguſtam rutilo impediet Diademate frontem.
Quâ ſe Maieſtate ferens ! quàm clarus in oſtro
Incedit ! patrias vt ſpirat nobilis artes !

Illum equidem primas vbi luminis attigit oras,
Excepere ſinu Muſæ , fuſumque recentis
Ambroſiæ ſuccis admiſit in oſcula Pallas. ·
At dum rurſus ages, LODOICE, in prælia Gallos,
Impacata ibit per bella, Patremque ſequetur.

Fulmineus veluti duris cùm rupibus Ales
Emicat, explicitis & nubes verberat alis ;
Audax aduolitat iuxtà per nubila proles,
Perque ignes cæli rutilos, cæcoſque fragores
Æmula præpetibus ſequitur ſuper æthera pennis.

GVISII DVCIS
TVRMA.

ADDVCIT populos alio ſub Sole iacentes
GVISIVS, atque tuos imitatur, America, cultus.
Quippe vbi Naturæ latebras, longeque remotos
Atlantis reperit fines, ignotaque Regna
Lucri ſacra fames, & opum maleſana cupido.
Noſtra peregrino fruitur ſollertia luxu
Et populorum habitus, & mores nouimus omnes.

Fit totis fremitus cuneis, cùm barbara læto
Agmina ſuccedunt campo; nil pulcrius illâ
Barbarie, quæ culta ſuo ſplendeſcit in auro.

Qui

Qui procul ære cauo resonant, qui tympana pulsant
Tempora frondosis euincti flaua corallis,
Ornantur conchis, glaucoue teguntur amictu.
Qualis cæruleus dum personat æquora conchâ
Velatur iuncis, & acutâ carice Triton.
Sublimes in equis pueri salientibus, ibant
Pardorum tecti spolio, quod sericus auro
Prætexit radius, sparsis & tænia vittis.
  Auratam circum, pictamque Draconibus hastam
Armigeri insignes, dextrâ, scutumque gerebant.
Tigris erat sæui pedibus prostrata Leonis
Fortibus ille toris, ardens & lumine toruo
Stat super. ira iubas arrexit; & vnguibus horret
Impactis, tumidumque putes fremere ore cruento.
Scilicet abiecti redeant si prælia Martis,
Pro decore Imperij, pro maiestate, superbus,
Altaque præsumens, tales sibi GVISIVS *iras*
Destinat: Ecquis opes varias ? quis gaudia turbæ
Egregiæ ? quis equos memoret, quos decolor Indus,
Et natæ adducunt alio sub sydere Gentes?
  Splendida sub patriis panduntur Equilia tectis
Guisiadæ magni : centum præsepibus altis
Cornipedes vinctos magna in spectacula Circi
Exultare intus, longisque absumere clathris
Impositam Cererem, & longo fremere ordine cernas.
Quippe licèt duras impellant calcibus iras
Acriùs, & iactent spumantia fræna feroces;
Mitescunt tamen, & certa sub lege tenentur

F fff

Haudquaquam indociles : domitor cùm vimine lento
Emicat increpitans, capite, & ceruicibus altis
Excipiunt, metuuntque minas ; totiſque trementes
Artubus, horrendis acuunt hinnitibus auras.

　Hos omnes ſtudiis inſignis equeſtribus Heros
Inſtratos aptè ſetâ, exuuiiſque Leonum
Miſerat in pompam, textoque onerauerat auro.
Ille ibat dorſum maculosâ pelle ferarum
Obductus, fuluo ſe tegmine prótegit alter
Arduus ; Hircanas duci in ſpectacula Tygres,
Credas, & Lybicas Circo inſultare leænas.
Vincla reluctantes hinc, inde, & multa frementes
Adducunt Satyri ; & blando popiſmate mulcent.

　Bis ſeni hirſutos imitati pellibus Vrſos
Procédunt famuli, queis horrida corpora villis,
Et patuli rictus, atque aſpera dentibus ora,
Arrectique hærent, exertiſque vnguibus adſtant.
Ludicra ſic homines in vultum, ac terga ferarum
Induit illudens, mutatque induſtria formas,
Et noua non dubitat Naturæ adſcribere monſtra.
Haud aliter cantu, Circeſque potentibus herbis
Et belli, & pelagi ſocios miratus Vliſſes
Setigeroſque ſues fieri, fuluoſque Leones.

　Hic auidis inhiant oculis, certantque videre
Mirantes Animæ ; & làto ſe paſcere Ludo :
Concentu vario dum ruſtica Numina Fauni
Capripedes, lituis modulantibus aëra pulſant.
　Vt primum blando ſe GVISIVS *extulit ore :*

G

Conſtitit obtutu populis deſixus in uno.
Serpentum, flexo ſquammas effinxerat auro
Loricæ in ſpeciem, nexoſque expreſſerat orbes
Caudarum intexens opiſex; & ſumma ſupernè
Extulerat capita Eois turgentia gemmis.
Cæſariem flauam circum premit aurea caſſis,
Cæruleis nitidum maculis quæ ſuſtinet anguem,
Tollentemque minas, erectaque colla tumentem
Ex auro. Triplicique ſuper ſeſe ordine criſta
Iactat, & immenſas expandit mobilis umbras.
Aeriis veluti quæ rupibus eminet arbor
Implicitas tendens frondes, lateque virentes
Huc, illuc, ramos; ingentemque efficit umbram.
        Conuerſus læto Circus ſonat undique plauſu,
At riſu facili gaudens popularibus auris
Progreditur Ductor. crebris hunc ſaltibus ardens
Portat equus, variiſque notis, ac pelle ferocit
Tigridis Armeniæ, cui circumducta per auras
Textura extremas, auro, argentoque cucurrit.
Candida ſe tumidis ceruicibus Ardea tollit;
Fronte micat mediâ, radiato lumine cornu
Auratum. Effigies ſæui cœlata draconis
Prominet ad pectus; collo ſerpentia ditis
Fila auri; & ſparſi refluunt pro crinibus angues,
Splendidaque impexis horreſcit cauda colubris,
Artis opus Phrygiæ. ſonipes captabat eundo
Delicias, plauſuſque; tubiſque ſonantibus ibat
In numerum, tanta exultans ſe credere pugnæ.

Gggg

Cùm durum Imperium, faſtuſque exoſa ſuperbos
Parthenope furiis tandem ſurrexit acerbis,
Gallica commotis implorans Lilia Regnis.
Irata ſpes gentis, & optatiſſimus hoſpes
Talis erat Siculis vt primùm conſtitit oris
GVISIVS; omnis agris, tectiſque effuſa iuuentus
Venerat exultans, & mirabatur ouantis
Auxilium, aduentúmque Ducis. Dîs æmulus ille
Firmabat timidas claris virtutibus vrbes,
Soluebatque jugo populos, & vindice ferro
Oppreſſam, regni pro libertate vocabat
In pugnas, plebem. ſonuit feſtiua tumultu
Parthenope ; plausêre ſuis Cyclopes in antris;
Flammarumque globos, liquefactaque ſaxa ſub imis
Viſceribus preſſit clauſis fornacibus Ætna.
Qui ſubeunt, pulcra, juuenes certamina laudis
Iactantes mixtas plumis viridantibus, albas,
(Is· turmæ color eſt) incedunt paſſibus æquis,
Compoſitoque omnem conſeſſum lumine luſtrant.

EQVESTRIS DECVRSIO.

Dvx vbi quiſque ſuas, in ludicra bella, cohortes
Explicuit ; placidique effulſit Martis imago.
Totus inardeſcit confuſo lumine campus.
Hinc auro picta chlamydes, nitidiſque lapillis;
Inde micant Tyrio ſaturatæ murice veſtes,
Inſignes illinc vittis onerantur amictus
Cæruleis, albiſque; volantque per aera pluma

Nigris

Nigris collecta nodis; picturaque latè
Discolor, eximio cœlum fulgore lacessit.

Aduerso, seu dum rorantem, lumine Phœbus
Irradiat nubem; rutilantibus illa repentè
Icta micat radiis, & lucis imagine multâ.
Lucida tum varis maculis intermicat Iris,
Et pluuium picto cœlum complectitur arcu.

Humani capitis tereti subnixa columnæ
Prominet effigies, rapido quam perforet ictu
Lancea currentum. Longis obnoxia telis
Stat Mauri ceruix contrà, quam læta juuentus
Non interrupto certet transfigere cursu.
Parte aliâ fusis per lucida colla colubris
Gorgonis horrescit facies, cui vulnere certo
Quisque suum infigat jaculum, fixumq́ relinquat.
Vltima cura fuit, projectum transitu in ipso
Ense auferre caput, pronumqúe incumbere in ictum
Cursu continuo, lepidi res plena laboris.

Ordo pugnæ ludicræ.

Inuigilant castris Præfecti, & sedibus altis
Iudicia exercent, quæ sit victoria pugnæ,
Quive dolus; seruantque vices, & iura tuentur
Cuique sua, & pulcra dirimunt certamina laudis.
Nempè suis tanta non sunt sine legibus artes.

Iudices.

Siue cadant alto fluitantes vertice cristæ;
Siue incumbat equus demisso cernuus armo,
Effundatve equitem secum; fata improba frustrà
Insontem frustrà casum miserantur amici.
Qui steterit, cœptosque remiserit æquore cursus

Leges.

Lentior, aut medios non circumflexerit orbes;

Quiue suam lapso confuderit ordine pompam

Exerrans, aut quem frustrata fefellerit hasta

Sæpiùs, heu! pulcra non speret præmia palmæ.

At certo quisquis plures trajecerit ictu

Pictorum effigies capitum; plausuque superbus

Orbiculo plures faustè direxerit hastas:

Hanc agitat sollers, & amat Victoria dextram.

Arduus in media victor se iactet arena,

Et lætam accipiat, multa cum laude, coronam.

    Signa viri expectant; sonipes fremit æquore toto

Ire auidus; dubiisque hæret Victoria pennis.

Cursus. *Vt tuba commissos cecinit lætissima Ludos,*

Quatuor aduersis Equites erumpere cernas

Carceribus. Flectunt hastas & missile dextrâ

Certatim vibrant jaculum; metisque relictis,

In medium obliquant pariter vestigia campum.

Hic geminos texunt flexus; totidemque reflexus;

Atque abeunt, redeuntque pares; nec fallitur ordo.

    Ac veluti Phrygiis ludit Mœander in aruis

Excursans; iterumque suos reuolutus in ortus,

Incertusque viæ, nunc huc, nunc labitur illuc.

Ambiguis donec fessas erroribus vndas

Colligat, & pelago sensim decurrat aperto.

Sic vbi compositis gyris, atque ordine certo

Effinxêre fugas, implexosque orbibus orbes;

Ense simul stricto feriunt, iaculoque Medusam;

Et se quisque sui condunt munimine septi.

Quantus

Quantus init pugnam! quantus Lodoicvs *in æquor*
Armigero comitante ruit! telumque, vel enfem
Incutit, & celeres curfu præuertitur auras!
Quò fe cumque mouet, claráve in luce refulget,
Effufa retrò fplendefcit femita lucis.
Vt dum ftella, facem, noctis delapfa per vmbras
Protulit, impreffitque vias, cœloque cucurrit.
A tergo fparfis radiat fulgoribus æther,
Et lucis rutilans longo ftat tramite fulcus.

   Gaudet equus vacuo fefe committere Circo,
Effunditque jubas, laxifque citatus habenis
Emicat, atque aureis calcaribus ilia pandit.

   Atque ea dum fefto celebrantur prælia Ludo
Per campum; mediis è nubibus ipfe Cupido
Dulces infidias furtim meditatur, & artem
Exercet, ludumque fuum; fumptâque pharetrâ,
Blandis plena dolis, & dulci tincta veneno
Noftrarum in cœtus Nimpharum fpicula torquet
Improbus, accenditque animos, & fufcitat ignes.
Quæque fuis agitur ftudiis, fua cuique cupido eft.
Applaudunt aliæ, famæ, laudique fuorum,
Et vacuis monftrant fixas ceruicibus haftas.
Defleuere vices, aliæ, fortemque Procorum
Ictibus errantum vanis. quot vota fecundis
Promifere Diis pugnæ! quot pectore ab alto
Spemque metumque inter fufpirauere Puellæ!

   Regina ante alias ardenti cufpide fixa,
Infufum totis percepit fenfibus ignem

Mollius, insequitur votis, oculisque pererrat,
Et stantem LODOICVM, *& contemplatur euntem.*
  Sic Clytie, nunc flos, riguis quæ pallet in hortis
Et mutata suos etiamnunc seruat amores.
Illa suum, quamuis altis radicibus hæret,
Vertitur ad Solem propensa, & spectat euntis
Ora Dei; foliisque fidelibus accipit ignem.
Intereà cursant vicibus, vicibusque recursant
Spe variâ pugiles; multos fortuna fefellit.
Ille cauo capiti nequicquam dirigit hastam
Infelix; alius stridentia spicula frustrà.
Coniicit; insidas artes, & inutile ferrum
Increpitant alij; pauci, queis gloria palmæ
Monstrat iter, numquam deflexis ictibus errant.
  Victorem quondam per tot discrimina Martis
Regem, etiam ficto sequitur Victoria bello.
Siue hastâ, iaculove; aut strictis ensibus instat:
Lancea directo non se detorquet ab ictu,
Non iaculum: numquam præterfuit irrita cuspis.
Iamque manu telum intentans, suprema parabat
Edere tentamenta artis; victorque futurus
Si lubet: hanc, socij laudem, placidamque relinquo
Palmam, inquit, bello vincam, vos vincite Ludo.
Hæc, ait, & rapido præuertens nubila cursu
Sponte suâ vanum subridens impulit ictum;
Et spreuit facilem ficto certamine palmam.
  Fortunam excepit Regis, victorque peractis
Belle-
fons. *Cursibus emicuit* BELFONTIVS. *Ære canoro*

Mille simul sonuere tuba, mille vndique plausus.
Seu duram dubiis pugnam committere campis,
Quærere seu pulcram liceat per vulnera mortem.
Aggeribusque suis septos perrumpere muros
Æqua viro virtus. merita nunc munera laudis
Accipit, & lætum, Circo plaudente, triumphum.

Spes alias laudis LODOICVS, *& altera palma*
Præmia constituit, famæque arrecta cupido
Magnanimos iuuenes stimulis ingentibus vrget.

Annulus appensus ligno, facilisque reuelli
Orbe patet modico, per quem se lancea cursim
Insinuet victrix, & cuspide permeet aureâ.
Hunc tereti gaudent certatim auellere ferro.
Anceps pugna diu, nec fato curritur vno.
Cursus ille suos irrisâ inglorius hastâ
Conficit. hic metam Ludo delibat inani,
Exultantem animis alium malus impulit error.
Spes hominum & vanas ridet Victoria curas.
Angustum per iter, paruique foraminis orbem
Intrudunt alij, mediis in cursibus hastas.

Post varios Equitum dubio certamine casus,
SALTENSIS, *per aperta, Comes procedere gestit*
Æquora, & ô nostris, inquit, sors annue votis!
Flectit equum gyro exsiliens, & turbinis instar
Continuo rapitur stadio, ductuque fideli
Occupat exiguos aditus, paruumque meatum
Orbiculi, totáque triumphat victor arenâ
Mille inter plausus hominum, sonitusque tubarum.

Kkkk

Decur-
sio An-
nularis.

Comte
deSault.

Nos equidem celebrare tuas tentauimus artes;
Qui tum facta, tuofque legent, Rex Maxime, Ludos,
Sic gerere Imperium difcant, fic ludere Reges.

FINIS.

PARISIIS,

IN TYPOGRAPHIA REGIA,

CVRANTE SEBASTIANO MABRE-CRAMOISY,

eiufdem Typographiæ Directore.

M. DC. LXX.

www.ingramcontent.com/pod-product-compliance
Lightning Source LLC
Chambersburg PA
CBHW071558220526
45469CB00003B/1049